FACEBOOK
DIALOGUES & CONVERSATIONS

VOLUME I

FACEBOOK
DIALOGUES & CONVERSATIONS (I)

Facebook Dialogues & Conversations (I): Conversations with friends around Haitian Culture, History and Current Events.

Dialogues & Conversations de Facebook (I) : Conversations entre amis autour de la Culture, de l'Histoire et de l'actualité d'Haiti.

KISKEYA PUBLISHING CO

kiskeyapublishingco@gmail.com

Hervé my Brother:
I wish to thank you wholeheartedly for giving us a reason to collectively cheer about. More and more, sure footedly, you are emerging as an undisputable cultural icon, to our community in diaspora and at Home in Haiti; an ambassador so-to-speak. I must personally convey that individually, I respect and cherish you as a role model. Thank you so much Hervé, God bless you brotherman!!!

Guy-Evans Ford

Dedicated especially to all my friends and all friends of
Haiti!

Dédié à tous mes amis et aux amis d'Haïti !

FACEBOOK Dialogues & Conversations (I)

Hervé Fanini-Lemoine
http://www.facebook.com/rvfanini

SYNOPSIS

FACEBOOK Dialogues & Conversations (I) is an account of different topics discussed on my FaceBook Wall. From sophisticated thoughts down to everyday talks, conversations can start very smoothly then turn extremely hot. These dialogues are presented to you in their original forms with minor editing. Since my Facebook friends speak and write in different languages, you will have the leisure to read those postings in english, in french and in haitian rreole. To protect individual privacy, I used initials and, at times first names. It is my anticipation and my hope that you will enjoy the topics and become part of the next publication.

FACEBOOK Dialogues & Conversations (I) est une compilation de plusieurs sujets discutés sur mon « Mur » de Facebook. D'idées sophistiquées aux conversations journalières, il s'agit d'un débat qui peut démarrer très bonnement pour se terminer dans des conversations très épicées. Bien que gardés dans leurs originalités, ces dialogues vous sont présentés avec une légère modification linguistique. Étant donné que mes amis de Facebook parlent et écrivent dans de différentes langues, vous aurez ainsi le loisir de les lire en anglais, en français et en créole haïtien. Pour protéger l'intimité de chacun, j'ai utilisé des initiales et parfois des prénoms. J'espère que vous apprécierez les rubriques et que vous ferez partie de la prochaine publication.

TABLE

"*Past civilizations were more knowledgeable than the "advanced" civilization of today. They knew of interplanetary travel and left their marks on the planet Mars. Despite much effort to attenuate the truth (the blowing of the Sphinx's nose by the barbaric Napoleon, the burning of the library of Alexandria, and many more attempts), any objective analysis by impartial researchers would inevitably lead to the undeniable fact that the greatest civilization the world has ever known is the African's; and by that I mean Black Africa.*" **Alix Saintil**

INTRODUCTION

I remember, in the 1990s, I was about to explore the Internet. Then someone posted the following: "friends you make online can be the best friends you will ever have"; and it has been so true that many of my encounters are some of my best friends today.

Many, then, believed that the Internet would have been a short-lived experience until Yahoo, AOL and other search engines burst out becoming the new way we get both information and knowledge. I am so grateful!

We are now experiencing a brand new way of communicating with friends that we may have completely forgotten. This is a new phenomenon of Social Networking. From "Hi5" to "My Space", many have connected with love ones and shared information. But it was done in more of a business fashion until you could actually upload your pictures to share with friends and family.

We are now experiencing a new trend of connecting, networking and socializing. I want to call this the Facebook phenomenon!

I registered my Facebook account in late 2009. Less than a year later, I have accumulated over 1600 friends with about 100 regulars, meaning one hundred plus will respond to my posts weekly. That's a start since many of those friends of mine have already reached the five-thousand-limit.

Needless to say, but to reaffirm the content of this book, most of the conversations are geared toward Haiti, in a way that we can exchange information and discuss topics that are sometimes challenging to some.

From the meaning of Quisqueya to the implication of Bill Clinton in Haiti's internal affair, many have given opinions and some, scientific facts. I've limited the conversations so no one feels threatened or feel targeted. So we don't discuss personal stuff such as religion, sexual orientation and topics along that line.

I hope you enjoy this book, so I can get the next one ready for you as soon as possible. As you are getting yourself prepared to read the content, I don't want to keep you reading a lengthy introduction.

So let's see what our friends are saying.

FACEBOOK Dialogues & Conversations (1)

Hervé Fanini-Lemoine

FACEBOOK Dialogues & Conversations (I)
Hervé Fanini-Lemoine

Previously published:

FACE A FACE autour de l'Identité Haïtienne – (*Français-2009*)
FACEBOOK DIALOGUES & CONVERSATIONS II (2011)
DIALOGUES & CONVERSATIONS DE FACEBOOK (*EN FRANÇAIS* - 2011)
FACEBOOK DIALOGUES & CONVERSATIONS (*IN ENGILSH* - 2011)

In the works

FACE A FACE – Français – Edition revisée et augmentée
BANNED FROM HISTORY
FACE A FACE – The English Edition

Thanks to all my FaceBook friends who have participated in those dialogues. It has been a privilege to discuss those topics that sometimes got overheated. It is by sharing knowledge that each and every one of us can understand the dynamics in which Haitian society has buried itself for more than two hundred years.

I hope these dialogues and conversations will enlighten us and burst the hidden fire that is in all of us, so we make the educational change that is required to raise Haitian values.

Haiti is one of the few places where any "foreigner" off the streets can go and become instant royalty; and do and get away with almost any behavior or action. Most foreigners in Haiti operate with almost unlimited influences and almost zero restriction or supervision. There are still many Faustus Wirkus' all over Haiti.

Paul Sanchez

-1-

WHAT ARE SUPER POWERS INTERESTS IN HAITI?

What are super powers interests in Haiti? I would like to hear government officials ask a simple question to Washington and Paris: What is it you need from Haiti?

I know they are not expecting anything from Haitians, except servitude. I also know they're not there for Oil, Gold, Copper, etc... May be Iridium; I doubt it very much. So, what are super powers interests in Haiti?

The answer is in the question, with a Capital letter, and it's not S.

Help me friends, tell me what you think!

J B

Actually, they are not looking for anything, I think. Haiti is a way to provide jobs security for the well connected American losers. A lot of them are connected through the American Heritage Foundation in which Boulos –a Haitian Senator- is a member. But then again, I am naive when it comes to politics in Haiti.

C P M-C

Les « *Super Powers* » furent et seront toujours intéressés à Haïti pour beaucoup de raisons. On penserait que maintenant nous n'avons plus de ressources naturelles pour attirer les '*Power malfinis*», les aigles guettant ; non mon ami, les Haïtiens ne connaissent par leurs propres valeurs.

Au centre du pays, dans les environs de Tomazeau, nous avons une mine de ciment pour qui les Canadiens, jusqu'en 1986, offraient des milliards de dollars. Is sont repartis déçus ; cette mine est encore là.

Nous avions toujours été riches. Il n'y a pas seulement le pétrole qui soit précieux. Les Espagnols, les

Français, les anglais et les Américains ont tiré de notre sol, l'or, l'aluminium, les bois de la Forêt des Pins. La liste est infinie, je ne saurais les énumérer tous.

Il faut bien se rappeler que la ville de Port-au-Prince et certaines petites villes adjacentes se sont effondrées mais Haïti n'est pas au fond de la mer. Ces villes ne sont qu'une petite partie de notre pays ; et alors ? Dis-moi bien pourquoi les renards s'éloigneraient, le corbeau a encore du fromage à la bouche.

Il ne faut pas sous estimer notre pays. Nous sommes malades mais nous ne sommes pas morts, et ce qui nous appartient est encore bien le nôtre.

H G DG
I don't think they want anything from us Hervé. Unable to comprehend us, it looks like they want to leave us alone. The question is what do we Haitians want from Haiti? We say we love Haiti, but we cannot stand the people. We insist on speaking a language that the majority does not understand. We say that Haiti must change, but Haiti is nothing but a piece of land. See the drift....?

G H
I think it is P, but I may be wrong, 'cause with P comes all the rest, gold copper, bronze, black gold and all... hé hé hé ! I think I got this one right!

J B
If it's not S with a capital letter, the other capital letter is H. No idea what H stands for as per Hervé.

G H
@Joseph – I think it could be 'dubya'...!

Y G
According to this article, Haiti has plenty of "sun, wind, and water" which can be used to generate renewable energy. So the answer to your question must be W -but perhaps spelled as WATT.

J B

But w is not capitalized!

Y G

What was the first word of the question!!!???
I think "dubya" is correct!

J B

"So", but you may be right. The original question which is also the title is "what"

J T

I believe its oil and the O is in capital letter, Cuba is producing 33% of his own oil, they do have their own "refinery" at least in Santiago if not in other places, we are so close to Santiago; we must have the same resources.

R S M

Ils veulent tout simplement que nous leur disions exactement ce que nous voulons et que ce ne soit pas à eux de décider pour nous. Nous SOMMES LES SEULS à connaître nos besoins. Ils savent que dans leur pays personne ne peut décider pour eux.

Ils espèrent qu'à la chute du gouvernement impotent, un groupe d'Haïtiens capables leur soumettront un plan de reconstruction disant que nous voulons des routes, du reboisement, de l'eau potable, des hôpitaux, des Ports, des usines d'électricité, la formation d'une élite de fonctionnaires, l'établissement d'une fonction publique, un système de transport ferroviaire du Nord au Sud, la restauration des usines sucrières en coopérative, les plans et l'installation de services d'irrigation, construction d'université bien pourvus, des laboratoires, école d'agronomie, et que ce n'est pas le moment de réaliser des élections ; que le pays n'a pas besoin d'un gouvernement. L'élection d'un gouvernement dans un pays qui n'a aucune infrastructure démocratique, industrielle, de fonction publique, n'empirera la situation.

Le temps interminable des discussions dans les chambres et des luttes de pouvoir feront une fois de plus avorter toute velléité de reconstruction et de réalisation saine. Les députés, sénateurs qui ne connaissent absolument rien dans les affaires de l'état replongeront le pays dans l'obscurité et continueront à voler du riz et des 'taules'.

Le pays a besoin d'une équipe de gestion d'urgence de sinistrés avec des sous-comités dans chaque départements pour gérer les projets tel que mentionnés ci-haut, avec des budgets bien établis et balancés avec à leur tête des experts étrangers. Après que tout sera mis en place, nous serons prêts pour les élections avec une nouvelle constitution qui ne se basera pas sur la mesquinerie et sur l'égoïsme. Tant que nous ne nous décidons pas à agir concrètement au lieu d'attendre que le « tonton noël » nous apporte les cadeaux, nous en aurons encore pour 200 ans à entonner Dessalines, Christophe et Pétion, à dire que nous en sommes fiers. Quelle fierté. C'est du passé à une époque bien déterminée. Aujourd'hui il n'est plus le temps de vivre le passé. Quand nous aurons fait honneur à ces héros, alors nous parlerons d'eux. Ce sera notre fierté. En attendant nous avons tellement de force qu'il est temps de faire des pressions sur Clinton et consorts pour exiger, les routes, les usines d'électricité, d'irrigation etc. Le reste nous le ferons nous-mêmes. Mais il faut agir parce qu'ils seront fatigués de notre laxisme. En Haïti il n'y a pas de travail. Demander de remplacer la MINUSTHA par des Haïtiens, leur donnant le même salaire.

Voici des choses concrètes et cessez de vous plaindre, au nom de Dieu !

R S M

@ Hervé - A un moment donné tu avais changé cette photo et j'étais soulagée. À chaque fois que tu es en attente d'une réponse à tes questions, ça me donne l'impression que tu te payes notre tête et je me demande toujours s'il faut lui répondre ou pas. Poses-toi une question et regarde ta photo et tu me diras. Ah ah ah ah!

H F-L

"So, what are super powers interests in Haiti?" H is for Haiti! I do think they want it all.

O R

I don't think they need anything from us. I do believe that the State Department, now experts in foreign policy, is worry because, if there is no significant change, Haiti can probably turn into a heaven for Al Qaeda and other radical regional anti-American movement (right or left).

And, secondly, the U.S. State Department does not want to deal with a massive wave of boat people running away from extreme poverty. So, the USA and other allies are trying to put together a plan to rebuild Haiti. The problem now is there are no ready-to-use resources and infrastructure to absorb this massive investment in Haiti. That's probably why even 9 months later, only 2 to 5% of the rubbles have been removed.

We all know there is Oil in Haiti. And Senator Kerry was clear the last time he spoke: "the relief effort is done now we need a plan to rebuild Haiti." For us within the Diaspora, we should ask the question: how are we going to contribute in this process?

J L Sr.

@ Obed - I do believe this is as close to the answer as we are going to get. Our situation logistically, and like you said, lack of infrastructure is really what is holding us back.

Lastly, I would also like to mention in Haitian society, construction or trade work is considered slave work and that must stop. It's going to take some serious updating of the educational system for Haiti to flourish. No one else knows what Haiti needs but the people of Haiti!

H B

"My decision to destroy the authority of the blacks in Saint Domingue (Haiti) is not so much based on considerations of commerce and money, as on the need to block forever the march of the blacks in the world." - Napoleon Bonaparte

Haiti (Ayiti/Quisqueya) was the wealthiest slave plantation in the world. Aside from being an inspiration to the entire world because Haiti stood up against world powers that oppressed them, Haiti is very, very, very, very, very, very wealthy. Haitian people, especially the children, are the number one resource. The land is an additional resource. Haitian original roots, culture, artisan, spirituality, are priceless resources. All to be replaced with that of the oppressors!

The statement made by Napoleon needs to be understood by all Haitians & Black-Afrikaans around the world. No matter how much they fight, they've work together and have always worked together. The fact is that we are in a system of racism by white supremacists which has effectively confused the mental cognition of the mothers/fathers of civilization for this temporary time because they know they are on a time clock against nature. Nature has us awakened from ignorance and amnesia; right around this time

L-D C

@ Hervé - How do you know they are not there for Oil??

Hervé Fanini-Lemoine

@ Carolle - I don't know for sure; but, based on actions and reactions going on around drilling in and around the U.S., it is easy to say they drilling in Haiti is not on the State Department agenda. Furthermore, in the mid 1970's to the 80's, under JC Duvalier's regime, it appears that some contracts were put in place and locations had been marked but put to a halt.

The talk that apparently is going on now is about Iridium -a far better find the Oil. Iridium is a rare mineral found only in specific areas on earth, scientists said. (*Iridium was discovered in 1803 among insoluble impurities in natural platinum. Smithson Tennant, the primary discoverer, named the iridium for the goddess Iris, personification of the **rainbow**, because of the striking and diverse colors of its salts.*)

You may want to check in the Science Journal online and/or read news on new discoveries.

I said the answer is capital H, I mean they want the whole of Haiti and the people to work for them. Got the drift!

H D
It always for something that is valuable.

Y F
Je dirais de façon plutôt simpliste que « Seul le diable le sait » !! Merci Hervé!!

C E D
Don't you get this, guys? They just want to undo 1804 and make one country call "Hispaniola" out of the island, with Santo Domingo for Capital. And, they are half way there since the State of Haiti is quasi inexistent!

J D
They probably want to reverse history and make sure our ancestors' dreams never fully materialized....

E D
"I want the assets of the country to be equitably divided" - Jean Jacques Dessalines

Haiti's Riches –
http://bit.ly/l960t | Haiti's Mining - http://bit.ly/viqxn

Haiti strategic location between Cuba, Venezuela, seated in the Caribbean oil basin - Haiti's peasant system of *Lakou*, Viv, *Konbit* hated by those always counting on US

military to provide them with trade preferences and corporate welfare. Haiti's mountains, seas, oceans ought to be there's by Manifest Destiny American, "exceptionalism" - See NSM200 – http://bit.ly/aco5fs
Kissinger's National Security Memorandum 200:

Dr. Henry Kissinger proposed in his memorandum to the NSC that "depopulation should be the highest priority of U.S. foreign policy towards the Third World." He quoted reasons of national security, and because the U.S. economy will require large and increasing amounts of minerals from abroad, especially from less-developed countries ... Wherever a lessening of population can increase the prospects for such stability, population policy becomes relevant to resources, supplies and to the economic interests of U.S."

Leclerc's imperative was not achieved and continues to be attempted, though always unsuccessfully because *Ginen fè yon sèl kò*. Ayiti's liberation from the "new world's" feudal lords may be prolonged but not stopped. Nature won't have it. This time the freemen under bourgeois democracy will be left behind to catch up- that is the mentally colonized Haitians at the UN, with Clinton and the 14,000 NGO invasions - someone said "losers" will not concede power without this fight going on now to hold back Leclerc's imperative and Kissinger's NSM200.

"It is not everything to have removed Toussaint; there are two thousand other chiefs here to have taken away... Here is my opinion of this country. It is necessary to destroy all the Negroes of the mountains, men and women, sparing only children under the age of twelve, and destroy half of those of the plain, without leaving a single colored man in the colony who ever wore an epaulette. Without that, the colony will never be at peace."
---French General Charles Victor Emmanuel Leclerc.

P S

Ever since the conquistadors landed on Haiti about 518 years ago, the island has been under the influence of one superpower or another. One half of a millennium and Haiti's surroundings have had a complete change of race and ethnicity, culture, and language. In previous millennia, similar changes have taken place in the world over (Mediterranean, North Africa, and Europe)

Today, Superpowers are everywhere! You and I can't seem to stop "them". When they're not somewhere, it is only because that nation is rogue, or maybe an axis of evil. Even then, the superpower influences are still exerted, perhaps just as strong (embargo, sanction).

What are super power interests in Haiti?

Are the superpower interests only in Haiti?

May be it's easier to ask: what are superpowers NOT interested in?

We know that the superpower influence comes as trade, tariffs, investment or aid; always accompanied by military or political control, strategies or plain takeovers (invasion).

As the first independent Black nation in the hemisphere, and 2nd independent nation only to the United States, Haiti has always been under the watchful eyes of the "superpowers". Many of the previous postings on this topic clearly indicate the various motives over the years, including but not limited to revenge for the slave revolution), total control of a black nation, exploitation of natural resources (forest, workers, ores), etc.

Let's review a few other motives specific to Haiti:

Preventing the spread of freedom from slavery to other nations; Ensuring Haiti paid its debt to France, Le Concordat, Protecting US and foreign investor interest; Keeping the region safe from Communism; Protecting the boat people from dying at sea; Keeping illegal immigrants from reaching US shores; Preventing civil unrest by failed state; Ensuring fair elections and freedom; Saving the souls of voodoo savages from barbarism; Humanitarian efforts, health care, and vaccination, "*sinistre*" during post-hurricane; famine in the country side; education efforts in the mountains and valleys, relief from mean and evil dictators; NAFTA and fair trade.

Let's also not forget: the AIDS scare and various related studies, relief from bad piggies; cleaning up narco-trafficking trade, the 2nd, 3rd, 4th, invasion of boat people, "Rat pa Kaka" and "*Grenn nan Bouda*" surge of kidnappers and gangsters; and these days: post earthquake relief.

Today's republic of Haiti is barely 1/3 of Hispaniola but has many other unique aspects that make it a favorite stepchild for all powers-that-be.

You want to get all political parties to unite say one word: occupation.

The self-restriction imposed by Haitians. The often described "lethargic" response to rampant corruption at all levels.

More importantly, there is the political instability that is constantly promoted in one form or another. There are the negative images and portrayal of lawlessness, violence, and everything evil that are persistently encouraged in most media, one form of another. This constant "propaganda" and lobbying by many large, credible, non-governmental, political, governmental, religious, private organizations, and influential individuals, has one, and only one purpose: to renew and increase grants and funding so they can renew their resources, security forces and personal protections.

And it has been working: most NGO administrators in Haiti get paid significantly higher wages than their counterparts in the U.S., a it's not because they work harder, not because of any danger. Most enjoy unlimited free, or almost free labor, multitudes of free services, almost free servants, free enterprises, enjoy everything tax-free. They also have free fertile grounds to spread or force their influences, doctrines or beliefs, and biases, often disguised under humanitarianism, with little or no restriction or supervision, with little or no regards for the beliefs and culture systems already in place. The NGO bases keep getting bigger; donations and funding keep getting greater. Yet, the situations never seem to improve. Why would it?

Haiti is one of the few places where any "foreigner" off of the streets can go and become instant royalty; and do and get away with almost any behavior or action. Most foreigners in Haiti operate with almost unlimited influences and almost zero restriction or supervision.

There are still many Faustus Wirkus' all over Haiti.

The majority of uneducated Haitians associate the country with everything that's bad, and act that way; practice self censorship; the mass population is taught in school and church that they're inferior; many forms of slavery are still practiced, child abuse and molestation are rampant; the people remain silent; Being poor is a crime; the poorer are ridiculed, many respectable trades are frowned upon;

Additionally, Haiti is a country where more money is spent on influencing political decisions than probably on infrastructure and food put together. The country is constantly under travel warning yet has more foreign NGO's per capita than anywhere else.

The country is said to be a voodoo Nation but has more religious freedom and diversity, places of worship, and preachers.

Haiti is considered the poorest country in the hemisphere but has some of the richest people controlling it. It is believed by most to be a paradise for narco-traffickers, child molesters, sweatshop owners, souls-savers, political corruptors; however, the land is a heaven for foreign aid workers along with their security forces.

The brain drain continues while, Haitians outside of Haiti rank among the most intellectuals, the most spiritual.

Most Haitians lack running water and electricity, but they have more cell phones, and "FaceBook" and "MySpace" accounts than most in the Caribbean.

What does Haiti have to offer any superpower? Natural resources, Human resources, land?

I saw an excellent video presentation which shows a business model for the island La Gônave. Soon, a major resort will contain the majority of the island with a refinery on one end. I didn't quite measure but looked like maybe 5 - 10% would be reserved for Haitians living in their native villages.

A S

To know what the S want, it suffices to make at least a 50 year projection. Besides the natural resources (yes Hervé we have oil), Haiti will soon be a prime real estate for investors. It is obvious that we are already witnessing the dire consequences of global warming thus, in a decade or so, the sea level will rise sufficiently to make Ayiti (*Terre montagneuse*) the envy of the empires.

@ Paul - This accurate scenario reminds me of pre-Castro Cuba. Hopefully, Haitians will seek the same remedy.

According to modern scientists, ancient Egyptians were black. The truth would have come out anyway, no matter how hard previous erudite devoted time to hide the evidence.
Marie Chantal Pierre-Louis

-2-

AMENHOTEP III

– Sat Oct 2, 11:40 am ET

CAIRO – Archaeologists have unearthed the upper part of a double limestone statue of a powerful pharaoh who ruled nearly 3,400 years ago, Egypt's Ministry of Culture said Saturday.

A ministry statement said the team of Egyptian archaeologists discovered the 4-foot (1.3-meter) by 3-foot (0.95-meter) statue of Amenhotep III in Kom el-Hittan, the site of the pharaoh's mortuary temple in the southern city of Luxor.

The temple is one of the largest on the west bank of the Nile in Luxor.

The statue portrays Amenhotep III wearing the double crown of Egypt, which is decorated with a uraeus, and seated on a throne next to the Theban god Amun.

Amenhotep III, who was the grandfather of the famed boy-pharaoh Tutankhamun, ruled in the 14th century B.C. at the height of Egypt's New Kingdom and presided over a vast empire stretching from Nubia in the south to Syria in the north.

The pharaoh's temple was largely destroyed, possibly by floods, and little remains of its walls. But archaeologists have been able to unearth a wealth of artifacts and statuary in the buried ruins, including two statues of Amenhotep made of black granite found at the site in March 2009.

http://news.yahoo.com/s/ap/20101002/ap_on_re_mi_ea/ml_egypt_antiquities

H F-L
HE LOOKS VERY BLACK TO ME!

R M-R
He's got a Jewish nose, though... :)

H F-L
What are you saying Randy?

A S
I read the posted comments, and some commentators are surprised that Amenhotep III is Nubian (African). The Arabs or present day Egyptians did not build the pyramids. It was the work of Black Africans. This past civilization was more knowledgeable than the "advanced" civilization of today. They even knew of interplanetary travel and left their marks on the planet Mars. Despite much effort to attenuate the truth (the blowing of the Sphinx's nose by the barbaric Napoleon, the burning of the library of Alexandria, and many more attempts), any objective analysis by an impartial researcher would inevitably lead to the undeniable fact that the greatest civilization the world has ever known is African and by that I mean Black Africa. Some scientists believe the intentional destruction of scientific notes housed in the library of Alexandria has held back our scientific progress by more than Two thousand years. Babylon, modern day Iraq, was the guardian of such important scientific books and knowledge acquired by their students who had the privilege of studying abroad (Africa).

H F-L
I suggest the reading of "Black Athena -3 Volumes- by Martin Bernal"
Black Athena: (The Fabrication of Ancient Greece 1785-1985)
Black Athena: (The Archaeological and Documentary Evidence)
Black Athena: (The Linguistic Evidence)

@ Alix - It is unfortunate that many still believe that history as we know it is science fact.

J G C
Oh yeah he does. He is, always was. In spite of the little cosmetic surgery, he appears to have endured in the region of the lips; at least his Majestic-Negroid-Tell-Tale-Nose was spared the procedure.

I also found the Ray Hagins series, "No evidence, no A very informative and thought provoking. It might be worth looking on YouTube if you have not done so yet.

F T
We know that Black people were kings and queens in that part of the world even though some historians and film producers try to take that away from us.

J T
Did they change the map overnight to? Egypt is part of Africa, only the people of Hollywood are not aware of that fact, so the brother looks just like us; period!

A S
It is amazing to see the African feature of the statue erected on the planet Mars. Pardon any typos because I am sending this message through my cell.

M C P-L
Of course he is black. According to modern scientists, ancient Egyptians were black. The truth would have come out anyway, no matter how hard previous erudites devoted their time to hide the evidence.

M M-R
You all know of course, that this is true. But, as in the case of the hut containing libraries in Nigeria, housing tablets in clay or slate, which were burned to the ground by the British after they removed the tablets to the British Museum hoping it would erase the fact that the early Africans were writing and recording earlier than European serfs. -- Unfortunately, these tablets were discovered in

wooden unmarked crates and identified by bills of lading some years back. Access to libraries and museums by non racist scholars, is the only means to discover what was stolen to eliminate the fact that we Black folks have superior knowledge eons back, and their own record keeping is our greatest ally in discovery. ----

By the way, has anyone seen the huge Africa-nesque Olmec statues in Mexico? Scholars such as Ivan Van Sertima "They Came Before Columbus" assert that Egyptians and Nubians came to Mexico in the Pre-Columbian period (c.1200 BC).

For more on this theory, read about the African Presence in America before Columbus or view the comparison of Olmec heads to the Head of King Taharka, a Nubian-Kushite ruler of ancient Egypt. Another inte-resting read is "Who Came before Columbus", Olmec vs. African Head. The Olmec civilization may be descended from or had contact with Africans.
http://www.blueroadrunner.com/blacks.htm ---

La Venta was inhabited by people of the Olmec Culture from 1200 BC until 400 BC after which the site seems abandoned. It was an important civic and ceremo-nial centre.

Today, the entire southern end of the site is covered by a petroleum refinery and has been largely demolished, making excavations difficult or impossible.

A S

@ Hervé - You are correct! Most people still don't know that not too long ago (before the rise of the Roman Empire) the Greek elite, by their own admission, used to send their children to Africa to study. Therefore, the so called scientific discoveries made by the Greeks in classical studies are all but lies. The rulers of Europe deliberately effaced our contribution to science to promote their fictitious one.

@ Monique - Old habits, especially the bad ones are indeed hard to expunge so have we witnessed in the barbaric looting of the cultural centers of Baghdad. Professor Van Sertima was (I believe he passed away) a great scholar and has helped tremendously in the effort to enlighten the world of the glorious and indispensable contribution of African scientists to the development of the human race; however, he did not come out and explicitly, while on the subject of the African presence in the Americas in the pre-Columbus period, confirm, albeit in a much earlier period than 1200 BC, their ability to dominate the sky. The message can be discerned through the statuettes, caves paintings and many other crafts intentionally left behind, it seems so to transmit this significant message to future generations. In those rudimentary crafts, Two important elements are present: the subjects have African features (the same ones used by our modern detractors to identify us) and the not so subtle knowledge of space technology: propulsion, space-suit, and many other factors associated with space travel. This previous encounter proved to be fatal to the Americans (the real ones) when they first met the Spaniards. Thinking the Spaniards were the same African "gods" who visited them before, they received them with great hospitality. It was too late, by the time they realized they were in the presence of a different breed with a different agenda.

H F-L
@ Monique - Very good observation! Just a few weeks ago I posted Olmec pictures for our people to see. However, unfortunately, most of us (blacks) will not sympathize with the idea that "BLACKS" were gods in Mesoamerica. That Blacks brought Civilization to Europe in the "Dark Ages" and left Spain in recent times -1492.

Although the story of "The Lost Continent of Atlantis" is found to be written on the wall of the Temple of Sais, this kind of awareness is reserved for those whom are really knowledgeable about their researches. The controlled main media are definitely not interested in providing information in this magnitude so the masses can rely only on myths made histories.

There are Haitians of his caliber but our people are so white-washed that their idea of greatness is directly related to their lightness.

Fay Camille

-3-

HAITI'S COLONIAL OVERLORD

Clinton is a compassionate statesman, with only the best interests of the Haitian people at heart [...] a decisive leader who can "get things done," in contrast to the country's ineffective government. [...] Esquire magazine called Clinton 'CEO of a leaderless nation,' the Miami Herald repeatedly refers to him as the 'czar of the recovery effort."
By Ashley Smith / August 5th, 2010
http://dissidentvoice.org/2010/08/haitis-colonial-overlord/

Y C
I wish there was a Haitian of his caliber to become the next president of Haiti. I truly admire former Pres. Clinton.

F C
N'est-ce pas? Je voudrais avoir les réactions au sujet de cet article de nos compatriotes pour essayer d'arrêter une certaine indifférence vis à vis du pillage de notre Terre à tous niveaux. .. Il faut que cela s'arrête.

F C
Merci pour le partage Hervé.

F C
Nous avons encore des Haïtiens d'une valeur à ne pas douter.
   Et, bientôt Haïti aura une Equipe lui faisant honneur. Pas de ceux que l'on voit.

C J
WOW! Even with the worse ever government, I find this comment insulting and disrespectful.
   "Toute vérité n'est pas bonne à dire."

I trust that there are Haitians of his caliber but they are evolving in a different environment with different opportunities.

F C
Insultant? On parle de quoi exactement? Désolée mais, je ne comprends pas.

C J
Fay, I am referring to the comment about Bill Clinton (whom I adore btw) being the CEO of a leaderless country; not any of your comments. I apologize for any confusion.

F C
Ah; Je comprends mieux, merci !

J L Sr.
I still remember how he acted when Barrack started to whoop Hillary's butt.

Mr. Clinton said he has been going to Haiti since 1978 or something like that and things only have gotten worse. He is an opportunist who profits from other people's plight. That tariff (rice) incident hurt Haiti but helped his constituency.

He is not Haitian or black so for everybody to think otherwise is diminishing and insulting our plight and triumphs. I am still waiting to see what comes of this.

@ Yolene - There are Haitians of his caliber but our people are so white-washed that their idea of greatness is directly related to their lightness.

The change Haiti is looking for is going to come from within, one of our own who knows the quirks and ways of the people.

"No matter how much we try, he still not one of us."

L B

Clinton is a bigger Cancer for Haiti, all he is doing is talking craps in the Press to be glorified.

I am tired of Haitians endorsing craps; it will take 50 years to clear the mind of the people from the craps.

Hervé, I for once don't agree with your statement: Bill Clinton will not do a thing for Haiti; it is so convenient he was placed as what for Haiti; that was way before the Earthquake or few months before the earthquake. With all his expertise with Katrina and all his Connections why our people still are under the tents? Not even nine houses were rebuilt in nine months; people are starving; people are being raped by large numbers. What has he done?: Bla Bla Bla! And then telling the Press the donors are not keeping their promises because they have they own Financial problems! (Klar) I understand (aber) what about the public fund-raising? Where is my personal 500 Euro donations through the Red Cross, Yele, and Caritas? All the money collected via 'sms'; what about that?

Let us get rid of the Luxurious lifestyle of the NGO's. Why don't we force the NGO's to buy cars in lieu of renting? Why don't we force the NGO's to Build House's instead of living in $200 and more US dollars a night in Hotels? Why don't they hire locals for Administration positions?

Clinton is a Rat, a big one! G W Bush is a Cat, a huge one who can turn as a tiger at night. We are doomed!

A S

@ Lakay - Hervé posted the article. He doesn't neces-sarily endorse Clinton's view. Clinton's standing among es-pecially the women is a testimony of the coercion and ultimately the damage that mass media, controlled by a few reactionaries, can do to a moribund mass.

As for the Black women, Instead of truly analyzing the substance of his policy, they rather surrender to subjectivity such as the physical trait which is determined by Euro-centric media. In other words, you take a Bill

Clinton and brush him with Wyclef's complexion and Clinton becomes ugly overnight. This is reality!

Now, let's examine his policies. Slick Willy is perhaps the most cunning of all US presidents. For those who don't know or remember, he is first of all a Rhodes Scholar. Cecil Rhodes was one of the most racist sons of South African Apartheid promoting White supremacy.

In a typical Republican (read US) style of politics, he bombed Yugoslavia to deter public attention away from his unscrupulous activities at the White house. He perjured himself by lying under oath, which is an impea-chable offense and was ultimately impeached.

Slick Willy gave the coup de grace to the poorest of the poor through welfare reform thus eliminating the meager help some mothers needed to survive while augmenting US financial aid to Israel amounting to $18,500 per Israeli citizen. And he is the president of the poor. Some clowns even call him the First black president.

Of course some apologist will quickly point out to the "revival" of the US economy to camouflage his cruelty. The US economy has been in a CONSTANT gradual decline since 1973 (the Bretton Woods accord) and any variation is due to the manipulation of numbers resulting from derivatives, which in itself is a sort of casino economy. All this is actually of a concern for the US citizenry. What about Haiti?

Those who are blindly enamored by Slick Willy should know that economically. He is perhaps the most damaging US president Haiti had to confront. In a rare display of "remorse", he publicly admitted to it with a not so subtle mea-culpa. Now, I hope the Lavalas camp remembers that Slick Willy maintained the embargo which was initially placed on the illegal Cedras' regime until the end of Dr. Aristide term. This is illogical, unless the "*kayiman etwale*" really believe the Haitian people as the enemy.

There is so much more to write about Slick's policy towards Haiti; but I will stop with his cruel immigration policy towards our brothers unlike the treatment received by the Cubans.

It is logical for Obama to send the criminals to the crime scene ahead of anyone else in order to maintain control of who should have access or who should not. Who first Bush and Slick Willie; poor Haiti!

L Bay

Alix, yes I know he only posted it: It is Ashley Smith and the Media's point of view. I think I am allowed to want to know Hervé's view also!!! As Hervé Posted it, I am not against his Posting: I am for once not in agreement with my brother. Clinton may be a good CEO for a Leaderless Nation for his purposes: Haiti's best interest at Heart? [...] Why should I swallow my hesitation of disagreeing with my Brother?

A S

Lakay, I am not inclined to have a debate with you on this issue when we both are on the same side. I was merely alerting you of the fact that Hervé, up to now, has not stated his view but merely posting an article. Hervé, when you say: "I for once don't agree with your statement," I believe you're insinuating that Hervé is in agreement with the article. I apologize if that is not what you meant. Any superficial examination should reveal that by just posting it Hervé is displeased with its content. It'd probably be most prudent to allow Hervé to respond to this.

E P

There will always be opportunists, waiting to pillage and profit. It's the way of the world. And the business of poverty which Haiti is now the international poster child! We must accept and be willing to change our shortcoming because we are in part responsible for the predicament that we are in.

A S

Esther, when you say WE, are we in part of responsible? Who do you mean by "we"; and how are we responsible?

E P

@ ALix - Political corruption, corporate greed, environment degradation (deforestation), general passivity, our *"chacun pour soi et pour son clan"* mentality, *et j'en passe*, all are elements that contributed to our demise; all of these factors existed pre-earthquake.. We have to stop accepting that as a people. We have areas that we need to improve on and then move forward!

A S

You must then be talking about our leaders, and I agree; but not the governed who are the victims.

H F-L

"In the next century, nations as we know them, will likely be obsolete; all states will recognize a single, global authority. National sovereignty wasn't such a great idea after all." *Strobe Talbot, President Clinton's Deputy Secretary of State, as quoted in Time, July 20th, 1992.*

What has any American president or former done for Haiti other than invade, control, pillage? When our ancestors were at war with France, the US was dealing with Toussaint Louverture to secure its role in what was to become Haiti. Moreover, it was the same U.S. that refused to recognize Haiti as a new Nation, as a partner. Is this hypocrisy or what?

In 1914, the same U.S. invaded Haiti "to protect" what? Just in case you forgot your history (not what you've learned in a classroom), the war against the "Caco" wasn't a war waged against rebels. It was a war against Haitian peasants. Do you know why it was so?

Haitian peasants are the keepers of the most hated belief system in the western world. And the colonial system in place is out to destroy it by ALL means necessary.

Eighty years later, in 1994, wasn't it Bill Clinton who brought back American soldiers to spoil the soil of Haiti? And what happened? It appears to be worst off than ever before!

Do you really believe that the earthquake, natural or provoked, will soften the hearts of the "New World Order" leaders? Well, they want your blood my friend. People are emotional in general, but time as this effect of putting you back on track. Peoples may feel pains for the earthquake victims; I do not doubt it for a moment.

Does Bill Clinton really care for Haiti? Of course he does. It's profitable just the way it is. Our minds are busy dealing with insecurity they have created; now comes the business of "Rebuilding" where everyone is writing a project for reconstruction. Everyone is looking forward to opening "shelters for children", the most affected. They were just as affected before, but then, there were no billions involved.

Bill Clinton is in Haiti only because there are no Haitians left. Those who pretend to call themselves Haitians are simply those whom Frantz Fanon would call "Peau noire, masques blancs." And that's why Haitians worshiped a blue-eyed Gentleman called Anderson Cooper for a few weeks following the January 12th earthquake. It is for the same reason our brothers and sisters see a "savior" in Bill Clinton.

I wanted to clear the air for those of you who wanted to know my position on this issue. I usually don't' say much if I don't have something good to say but in this case, I just wanted to clarify a few points.

E D
@ Fanini-Lemoine - I like the way you clarified a few points Mr. Fanini-Lemoine. These two sentences bear underlining and reiterating. Thank you. You wrote:

"Haitian peasants are the keepers of the most hated belief system in the western world and the colonial system in place is out to destroy it by ALL means necessary."

chache yon gouvènè pou signen peyia pou yo. Fòk nou di NON. Paske Jou a Rive sè m.

Richès lakay ka devlope 2 kontinan, ale wè lakay ! Iridium nan sèlman vaut (se sa expè di) 687 milyon de milya de dola. E nou pa pale de lòt, petrol, lajan, kwiv, platinn, dyaman et latrye.

F C
Nap kenbe kontak pou nou travay sou sa.

A S
I can't help noticing that some people are much aware of the situation. This is a good start. I believed the next step is to denounce this "election" because it is a sham. This selection will only solidify the occupation and its dependents: the ruling government.

F C
Bravo Alix S. Quelles élections en pleine occupation? Oui, il faut dénoncer tous ensemble.

Dehors les Etrangers, puis suivant la constitution cour de Cassation (Ne pouvant engager le pays actuellement vu provisoire) en se préparant pour des élections sérieuses l'année prochaine sinon le prochain gouverneur signe tout ; pas de doute. *Nou sou l okipasyion, fòk nou konpran sa.*

20,000 GI armés pour Aide Humanitaire ? Soyons sérieux les amis !

U.S. apologizes to Guatemalans for secret STD experiments
U.S. scientific researchers infected hundreds of Guatemalan mental patients with sexually transmitted diseases from 1946 to 1948 -- a practice that only came recently to light thanks to the work of an academic researcher. On Friday, Secretary of State Hillary Clinton and Health and Human Services Secretary Kathleen

Sebelius issued a formal apology to the Central American nation, and to Guatemalan residents of the United States. "Although these events occurred more than 64 years ago, we are outraged that such reprehensible research could have occurred under the guise of public health", said Clinton and Sebelius in a joint statement. "We deeply regret that it happened, and we apologize to all the individuals who were affected by such abhorrent research practices."

http://news.yahoo.com/s/yblog_upshot/20101001/hl_yblog _upshot/u-s-apologizes-to-guatemalans-for-secret-std-experiments

G F
Pa kwè sa twò vit non paske yo poko fini ak nou !

M S
Pa kwè moun sa yo tande chèf. Menm bonjou yo pa laverite. Rat mòde soufle !

F M
I was not surprised. C'est le propre des E.U.! They injected hormones to Haitian boat people while in Guantanamo; they provoked the Spanish American war; the Vietnam War, etc. The list is too long to enumerate.
I could add the assassination of Patrice Lumunba, Maurice Bishop, etc., etc.

C P M-C
Le pire c'est que leurs crimes nous ont forcé de venir vivre chez eux.
La SHADA, L'HAMCO, L'HASCO ont servi à qui ; aux Haïtiens, non ?
HAITIAN-AMERICAN COMPANIES, les gouvernements haïtiens se sont contentés de si peu pour tant. Ils ont gagné mes frères !

Y F

Se rat laboratwa yap bouste nan sekrè, se mechanste satan nan fè nwa, kankou Mawoule dixit yo se *rat mode soufle*, * snake in the grass*. Yon jou Abraham ap di se akabo la fiesta !

Menmsi nou mouri, fomi va pote nouvèl ban nou. YOUN LÈ YA DI N SAK TE PASE LAKAY TOU !

M L

What's new? This is the United States. They have been doing this for years and trust me when I say they won't stop.

K A

And when community leaders reference these wrongs and condemn these acts, they're called un-American for even suggesting such a thing.

V D

The USA maybe guilty for a lot of stuff like this and many different other ones that may be in our imaginations! When you live away from this country you idealize it, but in reality, the USA has both internal and external problems. However, it is still our home, and we hope for the best.

H F-L

@ Veronica - You've got a point there. It is not really about the people of the U.S.; it is about the State's Foreign Policies.

Les choses ne sont pas aussi simple Florence. Ces gens, les barbares, comme tu les nommes, ont fait la révolution française de 1789, liberté, égalité, fraternité, valeurs sur lesquelles repose notre indépendance. Où sont les bons et où sont les méchants?

Claude Marcelin

-4-

WHAT HAPPENS NEXT?

"*In the next century, nations as we know it will be obsolete; all states will recognize a single, global authority. National sovereignty wasn't such a great idea after all.*" Strobe Talbot, President Clinton's Deputy Secretary of State, as quoted in Time, July 20th, 1992.

What has any American presidents or former done for Haiti other than invade, control, pillage? When our ancestors were at war with France, the US was dealing with Toussaint Louverture to secure its role in what was to become Haiti. And, it was the same U.S. that refused to recognize Haiti as a new Nation, as a partner. Hypocrisy!

In 1914, the same U.S. invaded Haiti "to protect" what? Just in case you forgot your history (not what you've learned a classroom), the war against the "Cacos" wasn't a war against rebels. It was a war against Haitian peasants; do you know why it was so? Haitian peasants are the keepers of the most hated belief system in the western world and the colonial system in place is out to destroy it by ALL means necessary.

Eighty years later, in 1994, Bill Clinton brought American soldiers back to spoil the soil of Haiti. Did any positive change happen for the people? On the contrary, there has been more killing; kidnapping has been introduced; and, the poor got poorer!

Do you really believe that the earthquake, natural or provoked, will soften the hearts of the "New World Order" leaders? Well, they want your blood my friend. People are emotional in general, but time as this effect of getting you back on track. People may feel pains for the earthquake victims; I do not doubt it for a moment.

Does Bill Clinton really care for Haiti? Of course he does. It's profitable just the way it is. Our minds are busy dealing with insecurity they have created; now comes the business of "Rebuilding" where everyone is writing a project for reconstruction. Everyone is looking forward to opening a "shelter for children", the most affected. They were just as affected before but there no billions involved then.

Bill Clinton is in Haiti only because there are no Haitians left. Those who pretend to call themselves Haitians are simply those whom Frantz Fanon would call "Peau Noire, Masques Blancs". And that's why Haitians worshiped a blue-eyed Gentleman called Anderson Cooper for a few weeks following the January 12th earthquake. It is for the same reason our brothers and sisters see a "savior" in Bill Clinton.

I wanted to clear the air for those of you who wanted to know my position on this issue. I usually don't' say much if I don't have anything good to say but in this case. I just wanted to clarify a few points.

Hervé Fanini-Lemoine

O L J
John Lennon's Dream....

H F-L
@ O Lud – I did not understand what you meant by "John Lennon's Dream", but I don't see how those people can bring peace to the world. Maybe I am missing something, just may be; will you enlighten me?
These are the words Jhon Lennon had spoken:

...Imagine there's no heaven
It's easy if you try
No hell below us
Above us only sky
Imagine all the people
Living for today...

Imagine there's no countries
It isn't hard to do
Nothing to kill or die for
And no religion too
Imagine all the people
Living life in peace...

You may say I'm a dreamer
But I'm not the only one
I hope someday you'll join us
And the world will be as one

Imagine no possessions
I wonder if you can
No need for greed or hunger
A brotherhood of man
Imagine all the people
Sharing all the world...

You may say I'm a dreamer
But I'm not the only one
I hope someday you'll join us
And the world will live as one

O L J
Listen to his song: Dreamer

H F-L
I posted the lyrics for you O; did you look at the posting above? Trust me. I do listen to that song. I even play it, as a musician.

G J E
Straight talk if ever there was, on this subject. There is n ambiguity here, Hervé. And I must say, we are in total agreement. The rescuers are mostly vultures...

O L J
He dreamed of a world without borders...

J L Sr.
@ Hervé, I agree! I must also say that we need to find a common ground or else all of our hard work will be in vain. The keyword is self hatred and allowing ourselves to become slaves to tourism. The Haitian Government doesn't care about its own citizens, what do you expect?

B D
Writing is beautiful. We read the lines, and then we agree or disagree. WE, as Haitian Intellect people, what have we been doing since Dessalines?
Complaints, pale, pale, pale....It's time for action.
@Hervé, ki aksyon nap pran...

E S V
I got you Hervé! If we can't one way, we can try another way. Nothing but prayer will change the situation; and we need lots of it, as a chain. That is why I sent that link. When there is a will, there is a way. We will not lose the battle. We have to chase the evil spirits, if you know what I mean. I know about the earthquake too. Knowledge is power.

M A T
@ Brigitte – Dabò, fòk ou pale pou w ka louvè pòt sou les-pwa. Pale dabò, aji apre. Respect

B D
@MAT - Nou bouke pale, nou pale tròp, nou gen kèk jou nap pale ....Respect

M A T

@ Brigitte – Il y aune conscientisation qui se fait par la parole. Cependant, dans notre mémoire collective, il y a la pire des souffrances, l'esclavage, nous ne baissons pas les bras, mais il nous faut un certain temps pour réagir. L'Haïtien n'abandonne jamais, il attend son heure. Serait-ce également une sagesse héritée de l'Afrique qui dit : Assieds-toi prés de l'eau et regarde la passer, quand elle arrive à ta cheville dépêche-toi de traverser.

Tu as également raison en disant que l'on a beaucoup parlé. Mais nos échanges verbaux ont fait tomber certaines barrières et nous conduisent vers le projet commun qui remettra Haïti sur les rails. Avec ou sans nous, Haïti redeviendra la Perle des Antilles. Nous sommes dans le momentum des échanges profonds et au sein de toutes les problématiques du monde. Rassures-toi, on ne colonise pas Haïti. J'ai vu, en 1998, des G.I.'s avec toutes sortes d'antidotes contre les maladies des tropiques : l'eau distillées dans leurs bouteilles, ils mangent du « *chien jambe* », de la canne à sucre à la manière haïtienne, et chaque Vendredi, un jeune homme étranger de la troupe, épousant une Haïtienne. Qui occupe l'autre ? Personne. L'amour a vaincu le racisme et les barrières de l'exclusion. En Haïti, cela se produit tous les jours. Nous ne renonçons pas pour autant au slogan de nos ancêtres : « Liberté ou la Mort » !

La guerre de l'Indépendance a eu lieu parce que, pendant deux ans, des femmes sont allées de plantation en plantation annoncé la grande réunion du 14 Aout. « Fòk nou pale, fòk nou aji » ; respect

B D

En dépit de tout je te félicite pour ces grandes lignes de raisonnement. Nous, les intellects de ce pays, avons-nous fait la transition pour faire place aux jeunes d'aujourd'hui, les futurs cerveaux de ce pays? Ils sont à la recherche d'une chose: CONFIANCE.

Haïti reviendra-t-elle un jour La Perle des Antilles? C'était une réalité, maintenant c'est un rêve. ROME a été l'empire ; un jour comme aujourd'hui, ce n'est plus. Moi je ne suis pas un rêveur, je suis une réaliste. J'agis. J'aime l'action. RESPECT

M A T
@ Brigitte - Si vous ne rêvez pas, comment pouvez-vous réussir dans vos entreprises ? Moi je rêve mais j'ai les pieds sur terre. Aux normes occidentales en Haïti, il faut ajouter la sensibilité qui perce le coté émotionnel de ce peuple merveilleux. Je ne suis pas une intellectuelle pamphlétaire mais une Haïtienne qui croit en un avenir meilleur pour ceux qui souffrent de l'ostracisme.

J'ai fait un choix de rester chez moi malgré les agressions et les menaces de mort. Ce n'est pas pour me croiser les bras ou faire de la grande rhétorique, mais pour aider mes compatriotes à garder la tète haute et à se battre pour des lendemains meilleurs.

Puisse Haïti trouver en vous un combattant sans condition ! Joignez-vous à la cause de ces orphelins du bonheur ! Ils sont les guerriers de l'ombre.

La règle première pour nous, du dedans, est de garder espoir et de suivre la route qui y mène. Nous n'utilisons pas de grands mots mais les phrases qui aident l'autre à se sentir humain et accepté surtout dans l'action.

Il faut oser aimer Haïti et assumer le choix que l'on fait en dehors de tout intérêt personnel. Respect

B D
J'avais fait un choix en 2004-2006. J'avais travaillé en Haïti. C'était le temps du Massacre (je me souviens de ce film cowboy). J'ai risqué ma vie. Je travaillais surtout dans les quartiers sans-retour (cite soleil, bel-air, solino, etc.)

Je n'avais pas peur, je travaillais avec les jeunes. C'était un choix et mon choix après 27 ans à l'étranger. Je le ferai à chaque occasion. Quand je parle d'action, c'est de mon expérience. J'aime mon pays, j'aime les jeunes. Ces deux années ont été une grande expérience pour moi. Je le ferai encore, encore et encore.

H F-L
Félicitations Brigitte!
Ce que je crois comprendre dans l'action que tu proposes c'est de suivre ton exemple. Si tu veux éliminer les rêveurs dans une société, malheureusement pour toi, tes travaux n'aboutiront à absolument rien. D'ailleurs, tu viens de le prouver en ayant travaillé avec les jeunes des quartiers défavorisés. Qu'est ce que tu as fait: tu les as appris à faire du sport, tu les as ravitaillé d'un plat chaud, tu les as aidée à apprendre ce que les ainés ont appris de la colonisation, etc. Que sont-ils devenus aujourd'hui ?

Je ne demanderai à quiconque de faire ce que je fais pour venir en aide à la population. Chacun peut exceller dans ce qu'il/elle sait faire. Toi, tu fais ce que tu sais faire. Et voila ce que j'appelle le progrès et l'appréciation.

A la base de toute cette calamité, il nous reste à nous rééduquer, à comprendre l'essence de nous-mêmes, nos valeurs comme humains et faire la différence entre ce qui nous aime pour ce que nous sommes de ceux qui nous tendent la main pour nous garder en esclavage.

Puisque tu penses que penser, dialoguer et réfléchir c'est « trop parler », suggère-nous alors la marche à suivre et, personnellement, je te suivrai. Bisous !

F T
Yes, Hervé; the one World-Government is coming soon and will usher the arrival of the anti-Christ as depicted in the book or revelations. He will be elected as the one bringing peace, reconciliation and solutions to the world's problems. Later, will claim to be God, deceive the world and turn out to be the worst dictator and envoy of Satan himself. (Just a brief summary of what is to come, believe it or not!)

M A T
Merci Brigitte, chacun met un peu du sien pour bien que la lumière se fasse. Haïti a besoin de tous ses enfants.

Vous avez aussi votre place. Vos ancêtres ont payé pour cela. Respect

B D
Hervé, chacun à son destin...
@ MAT, j'avais des difficultés de trouver d'épeler 'CHACUN', comme tu peux le remarquer, j'ai perdu un peu la pratique Française. Merci. Je l'ai trouvé dans tes mots. Au départ j'ai essaye 'CHACUN' mais je pensais que c'était en espagnol... lol, lol

H F-L
@ Florence - How do you know for sure for the last five thousand years; especially the last two thousand, we have not lived what you call the time of the Antichrist. And, in regard to Haitians, which is my subject of interest, the last 500 years, with the arrival of the Spaniards with their cross and there will have to convert "barbarians - your ancestors and mine" has been nothing but frightening.

I sincerely hope you don't fall within the group that believes the one-world-government that is spoken of is a reality of the future where a "good lord" will come from somewhere to salvage humanity. I got some news for you; it has already happened.

Not everyone with eyes will be able to see; and not everyone with ears will be able to hear; forgot this passage; I think the Bible says that!

F T
Because it is happening now! I was talking about the world, not Haiti. The events are unfolding in the world in preparation for this. I will give you information and refe-rences, later, if you're interested. And yes, I am one of those believers.

There is a second coming of Christ. You're talking about the first which has already happened, which is old news. I get your point but, unfortunately, some people still behave like barbarians today.

H F-L

@ Brigitte - C'est ça, en effet; on ne peut empêcher à quiconque d'aider à la manière qui lui soit convenable. Ce qui n'est pas nécessairement le repère culminant d'une évolution durable dont on parle ; car, reconnaitre ses valeurs, comprendre ses origines, s'apprécier et s'aimer pour ce que l'on est, sont essentiels pour l'évolution sociale de l'individu et pour la société. Il est alors nécessaire que les penseurs puissent continuer sans être déroutés ni contrariés. Que les penseurs puissent continuer à partager leurs idées à fin qu'une vision collective s'émerge. Et, c'est dans cette optique que le dialogue constructif prend le dessus de toutes autres manifestations. LA PAROLE, étant la manifestation verbale de la pensée, elle était, est, et sera vrai-semblablement le moteur indéniable de tout débat.

Alors, Brigitte, fait ce que tu fais de tout ton cœur sans minimiser ce que font les autres. Car ce que tu fais est très important, cela donne un soulagement temporaire. Ce que font les penseurs est de longue durée, mais si réussi, amène à la guérison totale.

B D

Paroles d'un penseur sage... Respect

H F-L

@ Florence - I understand you are saying "Barbarians" as referred by the Romans when they claim dominion over the world, just like Columbus and his crew referred the Taïnos and Africans as such on their quest of wealth for Crown of Spain. There is, in fact, a non-Christian definition for Barbarians as there is one for Pagans. They both meant the culture of the peasants; I am almost certain that you, I, and everyone else on this forum are somehow linked with Africa. Having said that, I imply that we are all of peasant's origin!

As I've told you before, Florence, I don't speak of faith. The discussion here is in regard to Haiti. If your faith is at priori over your country you should at least let us discuss our beloved country without bringing your Christianity in the mix. There are many pages where people discuss their faith without interruption or telling them that Jesus was a black man if he existed; or no one, as we know today, has ever flown as a rocket; He died and resurrected from the dead; or to say that Marie is the Mother of God but the sheep do not understand that, etc. –Council Vatican II.

Live and let live my friend, One love!

C M

Les choses ne sont pas aussi simple Florence. Ces gens, les barbares, comme tu les nommes, ont fait la révolution française de 1789, liberté, égalité, fraternité, valeurs sur lesquelles reposent notre indépendance, où sont les bons et où sont les méchants?

O L J

No dyòl to talk; what a disaster?

H F-L

.... Et la révolution de Saint-Domingue, qui, sur une période de 13 ans -1791-1803, a donné des gens comme Florence, Claude, les autres et moi. Merci à la barbarie pour ma présence sur cette Terre pourrie par les chasseurs de barbares.

A S

What to do?

1- Boycott the selection and reject its outcome. An election can only reinforce the occupation.

2- Demand the immediate expulsion of all foreign troops.

3- Give the Haitians useless politicians an ultimatum on the dual citizenship proposal for the Diaspora. Remind them that we have the most powerful weapon: our remittance.

H F-L

Isn't true that Bill Clinton is in Haiti only because there are no Haitians left to lead the Country? I'd like to hear the contrary!

@ Alix - Either way my friend, election or selection, both the International Community and the U.S. State Department will have their ways this time around, as usual. It is up to us to start talking, denouncing, and mobilizing people against injustices committed by our own.

- I don't think political leaders, and the governing elites are ready to let go off foreign forces they called in order to secure their wealth.

- And again, Alix, the resolve does not depend on the Diaspora. At it appears to have taken shape and structure, it is just a fallacy. There are no organized groups of Haitian capable to lead us anywhere, simply because we have not been educated that way. The very tha can do so will stall before the Haitian reality, in Haiti.

The answer is within the hands of the people who live in Haiti. Let them be free of all prejudices, social and religious, and we'll discover the real face of Haiti.

@ Florence - This quote is for you my dear sister:

"*The drive of the Rockefellers and their allies is to create a one-World-Government combining super-Capitalism and Communism under the same tent, all under their control. Do I mean conspiracy? Yes I do. I am convinced there is such a plot, international in scope, generations old in planning, and incredibly evil in intent.*"

Congressman Larry P. McDonald, 1976, killed in the Korean Airlines 747 that was shot down by the Soviets.

@ Florence - Got another one for you. It may or may not be in direct connection to the world you are anticipating:

"*No one will enter the New World Order unless he or she will make a pledge to worship Lucifer. No one will enter*

the New Age unless he will take a Luciferian Initiation."
David Spangler, Director of Planetary Initiative, United
Nations.

And, the following might shake you up a little; only
if you're sincere:

"*In the next century, nations as we know it will be
obsolete; all states will recognize a single, global
authority. National sovereignty wasn't such a great idea
after all.*"
Strobe Talbot, President Clinton's Deputy Secretary of
State, as quoted in Time, July 20th, 1992.

"*We are on the verge of a global transformation. All we
need is the right major crisis and the nations will accept
the New World Order.*" David Rockefeller

A S
@ Hervé - You are unarguably pointing at the ultimate
solution. While the people are undoubtedly, like an
engine, the propulsion behind a push for a change, they
can't steer to their destination without a guide. This guide,
preferably a movement, cannot be exclusive. I am certain
there are many patriots in the Diaspora, especially those
who were educated in Haiti, anxious to return (in a much
tranquil atmosphere) so to participate in the rebuilding of
the nation. I will take the liberty of being a pessimist:
necessity is the mother of all inventions and solutions, I
may add. Ultimately, as you are correctly predicting, the
affected will have their say, but I hope there will be a
"guide" to channel this energy; for without this structure, it
will be easily dissipated.

This "crisis" may come under the guise of a contact with
an alien race (something being anticipated at the U.N.
and the Vatican) much earlier than expected by some.

F T

In this post, it appears that you're talking about the world not Haiti. I Guess I was wrong. Thus, my comment about the one world government is not to imply that Haiti is less important than the rest of the world. We are Haitians but at the same time citizens of this world.....

It is important to revisit the past because those who forget are bound to repeat the same mistakes. So many people have been subjected to cruelty for a variety of reasons as history tells us. However, we should not hold those living in the present responsible for the crimes of the past. Sure Christians, like other groups of people made mistakes or did things that are not God like in the name of God. But they are not the only ones to have done things that regrettable. One must learn from it and not forever dwell in it as, in my opinion, hinders progress. The fact that some of my ancestors, no doubt, were called barbarians unfairly by the white man does not negate the fact that some people, although "civilized", still behave like barbarians.

H F-L

@ Florence - I do not wish to explain "barbarians" which were described in a roman context. I am only hopeful that you do not bring faith where it is not needed and not necessary. It is becoming too redundant when people always find a way to call on the almighty for any juvenile reasons. That's all I can tell you my dearest.
All my love to you!

A S

Ms Thorny, I question your apologetic approach. While I am not blaming every White person for slavery, I can, nonetheless, state that every white person has benefited from racism. For an underprivileged group to exist there must be a privileged one. No other group has endured the diabolical experience we have suffered and still continue to suffer albeit in a muffled way. So, stop diminishing the cruelty of our experience by equating it with a gaffe or as a universal treatment. The worst part is all the other "underprivileged" groups (generally speaking of course) quickly comply with the pecking order by treating us with utmost disdain. Where do you think these epidermis criteria originated from? Racism is not a mistake. It is not even a sentiment; it is a policy. Therefore, it is thought (reasoned), applied and maintained. The likes of your apologetic interventions are a defense for those who harbor no regrets for their ancestral sins and still nurture a false sense of superiority because, one must admit, no other group would so quickly dismiss their sufferings by exonerating the culprit. Only us!

F T
Mr. Saintil, in response to Hervé's comment to me, I am certainly not referring to racism as it is not the only crime against humanity. For me to deny the cruelty of racism as it was practiced would be like the Iranian president (Mahmoud Ahmadinejad, not sure of the spelling) denying the Holocaust.

@ Hervé - The one world government you mentioned in today's comments is directly related to the one I talked about yesterday. We agree on that aspect. Wisdom comes to those who earnestly seek it. And it is the almighty that gives it in his word for which psychologists and motivational speakers are charging a fortune to their clients without mentioning his name of course. So the people calling on him for everything are actually wise. It's pleasant to have this healthy exchange of ideas with you. Keep up the good work.
　　　　Blessings and love to you too.

A S
Ms Thorny, your position on the Divine is philosophical, and it can't be challenged, less by me. I rather take a practical approach, because otherwise I'd feel like resigned to my/our lot. Faith, from my understanding, is

the surrendering of logic and many oppressors use it to further control the obedient. As mentioned by Randy in a different way, oppression is a contract between the oppressed and the oppressors. Hervé's initial question was how to nullify this contract: what happens next?

There are Two phases in any struggle: tactical and strategic. We can perhaps afford to leave the strategic partially to the Divine but the tactical aspect has to be scientific, concise, and adaptable to the conditions on the ground. Otherwise it would require constant communication-instruction with/from the Divine and apparently we (Haitians) don't have this privilege. It is reserved for the "chosen."

By the way, there is no greater holocaust in Human history than the African slave trade. The obvious monopoly of any term should be rejected by any thinker for it diminishes the suffering of some while amplifying it for others. The cruelties of WW2 did not exclusively touch the European Jews. It affected many other groups, mainly civilians and many of them Germans. The real atrocities were directed at the Russians (20 million lives) who were the real winners of WW2.

F T
Mr. Saintil, t the contrary, my faith pushes to learn from the past and look to the future and strive to change it for the better, not to resign myself from the circumstances but to change them or motivate others to do so. I am in no way suggesting that we look solely to the divine for Haiti's problems or any other. Nor am I suggesting that the suffering of one group matters less than another. To assume I meant that is totally against my belief and irresponsible on your part. Perhaps you are referring to a preconceived notion about certain Christians. Let's not judge one by the way others may think.

This complex computer called the brain that allows us to identify, analyze and solve difficult problems was created by God. He can certainly help us make better use of it. It's obvious to me that ignoring wisdom from above has caused or fostered certain past, present problems. However, I could not in my right mind say that one needs only guidance and nothing else to solve problems and cause a change in the world.

I am Haitian, in case you didn't know and all of us have access to the divine. He is not there only for a privileged few. Haiti's problems do not stem uniquely from oppression by other groups and nations but a host of complicated issues, some of which we may or not agree on. But one thing is sure until we look at where we failed as a nation, change our mind set of always looking for others to help us, explore how to move forward and take steps to resolve our own problems, nothing will ever change.

A S

Ms Thony, by using the term holocaust with a capital H, demonstrate you're falling (consciously or not) for the exclusivity of the word. Let us move on. What do you think should be an effective way both strategic (long term objective) and tactical (immediate application) to resolve our national problems? This is where I would like to focus our exchange!

F T

The capital H was a typo. As a Christian I am called to love and serve all my brothers and sisters in the same way even when it is not reciprocated. "I am the Haitian mother who goes hungry to feed her baby". "I am the Hispanic sister who mourns over her deceased brother". I am the Russian wife who gets beaten by her husband". I am the Jew, who some Muslims think to have no right to exist". I am the black face who used to have less value than an animal". I am the white face other white people call "white trash" who desperately wants to tell the world: I do not agree with my parents about racism.

I do agree that we focus on solutions for Haiti at this time and will return with my perspective. Have a g day and a great one to my other FB friends.

A S
To you too!

F T
Good morning Hervé! I must admit the other day I replied to the paragraph thinking that it was the end of the post. Later I realized it was attached to the article "What happens next". Thanks for keeping us aware of important issues Haiti is facing.
I agree with Randy for the most part.

H F-L
Good morning Florence. Whatever disagreement we have on certain topics, you always stand tall when you have to. I really appreciate that. You are a wonderful woman!
Peace and Love!

Les Haïtiens comprennent bien la dynamique, mais ils refusent de l'admettre parce qu'il n existe plus cette Solidarité, cette Union, cette Motivation qui enflammaient nos Anciens pour s'en sortir ; ceci, donnant leur Vie pour notre liberté.

Magguie Villard

-5-

JEAN-JACQUES DESSALINES
17 OCTOBRE 1806, UN HOMME EST TOMBÉ

Nous sommes allés te rendre hommage ce matin,
à la main, un bouquet de fleurs coupées de jasmin.
Toi, l'homme au subtil dessein,
qui nous a unis, à jamais, à ton héroïque destin.
Le voyage à pieds a été long,
mais, pourtant, du courage, nous en avions !
Et, la DESSALINIENNE, nous chantions.
Sous ce ciel, d'un bleu d'azur, ensoleillé,
nos forces, de ton aura, décuplées aient
Nous pensâmes à toi, pendant toute la durée.
Toi, l'esclave combattant,
qui, de la blanche servitude d'antan ...
tu nous as libéré pour un temps.
Tu es dans nos Cœurs, ce héros,
et dans nos veines, ce sang chaud ...
Tu es notre porte-drapeau,
Toi, de la CRÊTE A PIERROT, sur les hauteurs,
tu as marqué la colline de son ardeur
par ta bravoure légendaire.
Tu a laissé ROCHAMBEAU, comme un gamin
sur le bord du chemin,
la tête dans les mains.
Affaibli et dépité par sa défaite,
lorsque, sur la France, il s'énonçait
et les feuilles de l'automne, tombaient,
toi, DESSALINES, sur la route de VERTIERES, fièrement
tu avançais !

L'âme des vieilles pierres du fort gardera à jamais le
souvenir de ce glorieux moment où l'adversaire, face à la
puissante détermination de ces « marrons » armés de

72

simples machettes, prêts à perdre leur vie, pour gagner le droit à la liberté, déclara forfait.

Toi, vaillant porte flambeau, tu es l'éclaireur des premiers pas des libérateurs de ces frères de combat que tu emmenas sur le chemin de la victoire, le premier JANVIER 1804, où l'on déclara HAITI, première Répu-blique Noire Indépendante. JACQUES PREMIER était né : Vive l'Empereur !

Mais de Héros, tu es devenu l'ennemi : on t'assassinât au PONT ROUGE ! C'est en souvenir de tout cela, que, aujourd'hui, nous avons tant marché, oubliant notre épuisement et les gouttes de sang qui perlaient de nos pieds écorchés par cette longue marche. Nous ne pensions qu'à te rendre hommage. Lorsque nous arrivâmes au CHAMPS DE MARS, nous étions si fiers d'être là. Une foule immense, en habits du Dimanche, les hommes en complet, les femmes aux cheveux joliment tressés, venaient s'incliner, s'agenouillant au pied de ton Mausolée, avec respect ; tous, ils déposaient leur petit bouquet de reconnaissance. C'est alors, que l'on commença à chanter, à gorge déployée, l'hymne National d'Haïti.

En regardant toute cette foule de coeurs unis pour cette journée du souvenir, nous ressentions une vive émotion, qui faisait trembler nos voix ; certains d'entre nous se frottaient les yeux, d'autres essuyaient avec leur mouchoir les perles de larmes qui s'écoulaient sur leurs joues, nous rappelant tous de la valeur de la phrase symbolique de notre drapeau : « **L'UNION FAIT LA FORCE** »

Nous n'oublierons jamais cette journée, elle est gravée en nous, comme ton nom est gravé dans nos Coeurs ...

Pascale Pavy

M V

C est l'un de nos Héros qui ont fait notre Fierté. J ADMIRE.......

H F-L

C'est la fierté Nationale qui a été déroutée par les héritiers des colonisateurs.

C E D

Nos déboires ont commencé avec la mort de l'Empereur JJ Dessalines.

H F-L

Je suis d'accord avec toi Eric. JJ Dessalines est le père de la Nation Haïtienne mais, malheureusement, beaucoup d'haïtiens, n'en comprennent la dynamique.

M V

Les Haïtiens comprennent bien la dynamique, mais ils refusent de l'admettre parce qu'il n existe plus cette Solidarité, cette Union, cette Motivation qui enflammaient nos Anciens pour s'en sortir ; ceci, donnant leur Vie pour notre liberté.

De nos jours, c'est « le chacun pour Soi » qui règne. Et, c'est de cette façon que celui qui possède le plus continuera à s'enrichir au détriment d'un peuple souffrant. C'est Vraiment Indigne et triste à la fois.

C E D

Ce qu'il nous faut d'abord, c'est qu'une génération se décide à faire des sacrifices pour que les futures générations puissent vivre dans un pays où les gens peuvent plus au moins s'assurer le « primum vivere »

A S

Maggie, il n'y a jamais eue une vraie solidarité des classes en Haïti. Ceci, même à l'aube de notre indépendance. Ce ne fut qu'un accord temporaire violé par l'élimination de Dessalines.

G H
@Charles - NO ONE wants to sacrifice ANYTHING. And those who dare, well, will have to carry "crazy" names given to them...ah! *"Moun yo pa serye vre tande!"* They have no REAL convictions *-ou pa konn kote yo kanpe paske YO pa konen kote yo kanpe-* as if you are too stupid to know that. At the end of the day, you live your life fully and let the others rest on their beautiful laurels and judge.

El Z V
@ Gina – Yep, you are so right. As they say, everybody wants to go to but nobody wants to die. Should we choose to apply the same saying to us Haitians, it would say that every Haitian wants the country to change for the best, but nobody wants to make the required sacrifices? The blood must have gone thin; in order word, we, Haitian men have views, while our ancestors carried something more powerful.

G H
Well said Erroll!

H F-L
@ Maggie - C'est ce que tu penses ma chère. Sais-tu combien de livres sont écrits sur Dessalines? En tout cas pas beaucoup, à comparer à Toussaint, le gouverneur Français de Saint-Domingue.

Dessalines à su dire NON à l'esclavage. Il a voulu équitablement séparer les terres exploitées par les colons et par leurs fils et, les distribuer à ceux qui n'en avaient pas. Malheureusement, donner des terres aux nouveaux haïtiens et les rendre sur un pied d'égalité avec le reste, représentait un crime contre les héritiers du statu quo. Il a payé de sa vie pour avoir eu cette vision. Lâchement. Il a été assassiné par ses propres frères. (Je ne ferai pas de spéculation)

Tous les Haïtiens qui ont fréquenté l'école en Haïti ont appris que Dessalines étaient un tueur de blancs. Il n'y jamais eu un Haïtien remplissant un rôle de leadership dans les affaires de l'État qui considérât proposer aux Frères de l'Instruction Chrétienne de porter des corrections.

Fais un sondage toi-même Maggie et rends-toi compte, combien de nos frères et sœurs méconnaissent la vrai histoire d'Haïti.

Cela fait à peine quelques années où, un mouvement Nationaliste commença favorisant la vision de l'Empereur.

La vérité à un son particulier parce que la vérité doit toujours être vrai et doit constamment être sans variante.

@ Erroll - I guess now is the time to tell us your proposition for Haiti. Since it became trendy to go to work for a NGO, I guess everybody should do that. Go to Haiti, open an orphanage and take some pictures with a black kid to be displayed in an International newspaper; maybe that will show how much you care, just maybe!

E Z V
@Herve - Mr. Fanini-Lemoine dixit: "open an orphanage and take some pictures with a black kid to be displayed in an International newspaper..."

I would never lend myself to such a masquerade since most that do so, is probably yearning for a Nobel Prize to add to their long list of titles that might include the governor of Arkansas, president of the U.S., etc. In addition, if it was not for the snowstorm raging in my hair, people might not be able to discern me from that black child.

The Orphanage is not such a bad idea if done not for personal gain but with the idea to instrument a change of heart about Haiti in the upcoming generations such that should it be successful might encourage the little Haitian to stop thinking of himself as being in transit in his homeland. You could be a history teacher and I, the orphanage janitor while others could help by teaching in their field of expertise. That, however, would require leaving behind some cozy nest that we call home in some North-American or European suburbs for a rougher life in Haiti. How many of us would be willing to do so? Such is my question to you.

M M-R
Les vrais bouquins sur l'histoire d'Haïti existent, mais ils n'ont jamais été publiés en grand volume (tirage de 250 au plus). Et les frères de l'Instruction Chrétienne n'avaient aucun intérêt à nous les laisser lire, car nous nous serions rebeller contre la récitation de « Nous les Gaulois. » Mais les anciens du Lycée Pétion peuvent nous passer leurs notes, ou encore le fils du professeur Balmire ou Prof. Appollon peuvent nous faire savoir ou trouver leurs écrits. Tout cela me fais sourire, car, quel haïtien peut nous dire où est La Gaulle?

L B
Erroll Z Viel: I really appreciate your post, and that is why I am openly commenting on it.

I appreciate it very much: because in your post, I detect points of solutions for a better Haiti, Your post is so Un-Haitian but very Patriotic and so Dessalinien, my Brother!
No Haitian with your Educations will put others as Teachers and themselves as Janitor.
I've been trying it, but it goes against me: many think I am either stupid or ignorant so, they've tried to isolate my ideas.
I applaud you my Brother. However, I think Hervé is one of those who will also step back to let the right person Lead, Teach, uplifting us to that better Haiti.

H F-L

@ Erroll - I hope that we're not just talking for the sake of talking. Let me tell you where I stand:

As far as I am concerned, there can't be a permanent change, unless the entire educational system is revised; I mean to change the way in which kids learn Haitian History in Haiti and so forth. I do know what I am talking about, my friend. I am not directly talking about you; I spent years of research to prove my theory.

As you clearly stated, "You could be a history teacher and I, the orphanage janitor, while others could help by teaching in their field of expertise", and I agree with you: yes, everyone as its role in every given society. And I don't believe we understand that in ours. Most of us seem to measure and evaluate others based on their personal experience, and wanting everyone to do what they do.

By the way, I see some sarcasm within those lines of yours: "That, however, would require leaving behind some cozy nest that we call home in some North-American or European suburbs for a rougher life in Haiti." I don't know by which scale you measure "cozy nest", but more people than you imagine, are working they're behind off to get by. Have we had proper leadership and fewer corrupt white-wash minds in Haiti, most Haitians leaving abroad would be packed up and ready to go back HOME to Haiti.

You probably have some great ideas, but the way you choose your words shows anger and frustration. I am able to understand how you feel but, again, everyone as its call.

@ Lakay - I got your drift my friend!
@ Monique - 250 exemplaires; et cela suffirait pour éduquer une population de près de 10 millions!

K J

Sous les coups portés par des insurgés et par d'autres généraux alliés, une réforme agraire au profit des anciens esclaves sans terre a causé la mort de Jean-Jacques Dessalines, le premier Haïtien. HAITI est un pays qui depuis plus de deux siècles semble être condamné au malheur!

C P M-C
Le sang de Jean-Jacques Dessalines, le père de notre patrie, a laissé une tâche obscure sur le drapeau haïtien créé seulement trois ans auparavant. Cette tâche couvre notre devise nationale, « l'union fait la force.» Cet assassinat à marquer notre sort tel, il nous a condamnés au malheur.

Nous payerons pour cette trahison jusqu'à la fin des temps. Ils ont trahit Dessalines et ils n'ont pas honoré l'union.

Cette alliance était un accord, un contrat. Ne pas l'honorer, a engendré la discorde d'où la faillite de la Nation.

Maintenant, nous ne pouvons que rêver de ce que nous pourrions être si nous pouvions effacer ce triste assassinat de notre histoire.

E Z V
@ Hervé - No doubt there are people genuinely interested in changing the country's course toward better days. However, the fact that Haiti is in its death bed makes excuses such as lack of efficient leadership inappropriate to explain our lack of involvement. In the absence of effective ways to reach out to the leadership in place, education, as you pointed out, is the only means left to engage future generations on the battle field of ideas that might provide them with a sense of ownership which is something a great number of us lack.

H F-L
@ Erroll - "In the absence of effective ways to reach out to the leadership in place, education as you pointed out is the only means left to engage future generations [...]"

You've got it right; there is no other ways but EDU-CATION my friend!

M M-R
Hervé, ou que tu sois mon ami, je t'envoie un sac plein de bises. Conversation à continuer.

P P
@ MAGGIE - DESSALINES est plus qu'une fierté pour l'Haïtien. C'est un symbole qui représentait à la fois, le courage, l'obstination, la combativité, la force et la justice.

Et oui, CHARLES, et je dirais même les « déboires » ont commencé avant sa mort, puisque son assassinat est le résultat d'une division qui existait déjà.
Cet homme voulait un lopin de terre pour chacun et prônait l'égalité entre les hommes. Alors que ceux qui l'ont assassiné prônait une forme d'exploitation d'un homme par un autre.

@ ALIX - Je pense qu'au départ tous ces hommes étaient « unis » pour le même combat. C'est d'ailleurs ce qui leur a permis de le gagner, et ainsi vaincre l'ennemi. Mais lorsqu'il y a en jeux l'exploitation de richesses, que ce soit de terre, d'or, de diamants, de minerais, de pétrole ou même de « pouvoir », l'homme, inévitablement se divise.
DESSALINES avait combattu l'esclavagisme et quelque part une forme « d'aliénation » ; et ceux qui l'ont as-sassiné voulaient remettre en place une nouvelle forme d'asservissement.

Oui MAGGIE, tu as raison. HAITI n'a malheureusement pas échappé au despotisme des mots « JE », « MOI » qui font « fureurs » dans le monde des pays industrialisés qu'on nomme, bien à tort sûrement, des pays dits : « développés. » Mais, contrairement aux citoyens de ces pays riches, le peuple HAITIEN, n'a pas les moyens de se comporter en égoïste et d'une manière « individuelle. »

Pour se sortir de sa « pauvre » misère, le peuple doit s'unir, resserrer les rangs, et surtout, penser à nouveau à la force de cette phrase emblématique : « **L'UNION FAIT LA FORCE** », qui a permis à leurs éminents ancêtres d'être ce qu'ils ont été : des HEROS, des révolutionnaires, qui se sont mis en révolution contre l'inégalité, contre un SYSTEME inégalitaire.

Aujourd'hui, bien que le combat à mener soit un peu différent, les moyens pour le gagner sont identiques. Il faut se mettre à l'œuvre, faire un pas dans le même sens et les autres pas suivront. Il est important de se RASSEMBLER.

Bien qu'il faut toujours un leader, pour mener les troupes, les fédérer, etc., il faut tout autant le nombre pour constituer l'impulsion, la force « vive », et la petite armée de bonnes âmes sera prête.

@ CHARLES - Oui, il faut des combattants ! Mais pourquoi ne serait elle pas multi-générationnelle cette armée ??? En tout cas, c'est maintenant qu'elle doit se constituer, car demain, il sera trop tard pour ces nouveaux enfants qui viennent de voir le jour dans cette médiocrité. En tant qu'êtres humains, et adultes, ne voulez vous pas qu'ils puissent voir un jour le bleu du ciel ? Alors, ENSEMBLE travaillons pour leur construire un bleu « à venir » ; un Avenir.

@ CLAUDIE - Je ne suis pas d'accord avec toi. Une « tâche » sur un « drapeau » n'est pas une fatalité qui nous est « imposé » pour l'Eternité. Une tâche, en la « frottant » avec énergie, fini par quasiment faire « disparaître. » En montrant une nouvelle « UNITE », le peuple HAITIEN ferait une résilience et atténuerait son mal être profond. Les querelles de clochers doivent s'arrêter.

Nous sommes une Trentaine à nous être « unis » pour un passionnant débat autour d'un texte. Nous avons parlé, mais surtout nous avons tenté de trouver des réponses.

Alors, ne restons pas sur des idées pessimistes, et essayons de « fédérer » d'autres personnes autour de nous pour cette même cause : celle de sauver HAITI et surtout sa jeunesse ; car celle-ci représente presque 50% de la population.

Vous parliez du manque de culture « historique » de la jeunesse ; en qualité d'adultes, c'est un devoir pour nous, que de les instruire. Un devoir de « mémoire », notamment. Alors si chacun d'entres nous prenait en « charge » l'instruction d'un enfant, ne ferions nous pas déjà un pas « CONCRET » ? Alors, RONY, RALPH, FANFAN, MAGGIE, CHARLES, ALIX, GINA, MONIQUE, LAKAY, KERLINE, CLAUDIE, ERROL, HERVE, MONIQUE, et tous les autres , je vous invite à y réfléchir.

Ouvrir grandes les portes de l'éducation et de l'école à TOUS les enfants d'un pays, c'est aussi leur apporter leur libre arbitre !

Entre autre, chère mère, je te promets ! Il y a des tes fils qui partagent tes lamentations. Il y a de tes fils qui bravent l'iniquité de leurs frères pour protéger l'enceinte de ton sacre. Je te promets chère mère, dans un temps très proche, ils retourneront à tes pieds à fin que tu puisses les pardonner de leurs traitrises vis-à-vis toi et vis-à-vis leurs frères.

Hervé Fanini-Lemoine

-6-

NE M'APPELLEZ PLUS JAMAIS HAITI

Les Haïtiens m'ont laissée tomber depuis deux cents ans. En 1804 j'étais un géant, j'étais aussi forte que l'Europe d'antan.

J'étais l'aboutissement du rêve de millions d'hommes de seconde classe et de race. Deux ans après, 1806, Vertières n'est plus, le colon revient : Bruno Blanchet me préside.

Mes fils me consomment en demi-tasse : dettes, dictatures, anarchismes, populismes et aides.

De révolutions en révolutions, de coup d'Etat en coup d'Etat, d'élections en élections mon corps s'abime et il se vide de son sang.

Dessalines doit se retourner dans sa tombe devant ces petits fils qui me tètent à tue tête. Lui qui rêvait d'égalité entre mes fils, lui qui voulait que je sois respectée et redoutée. Il doit être amer devant ces costards, ces grosses jeeps, ces dollars et les résultats fabriqués des élections de ces chefs légitimes.

Cité Soleil, Raboteau, Nan Savane, les Irois, les Kokorat et ceux d'en bas n'auront jamais leur part !

Ces damnés n'ont pas vu où sont passés les chemins de l'espoir, les promesses d'Acaau, du manifeste de Praslin et celles de Saint-Jean Bosco.

Ils espèrent tous voir la sortie de cet enfer que je suis, ils élisent, la crise s'enlise, et la crasse s'aiguise.

Je succombe à l'évolutionnisme de la mère scorpion, crevée pour que vivent mes petits.

Je suis un mort-vivant : mes arbres sont calcinés dans la cuisine de mes fils affamés et inconstants, mes rivières sont asséchées, la mer qui m'entoure est vide, mes trottoirs sont des marchés publics. Je suis désabusée !

Je ne suis plus Haïti, je ne suis que le modèle parfait de la misère et de la crasse, le lieu où les autres viennent déverser leur pitié et leur humanisme pour avoir bonne conscience.

Je suis un pot de terre contre le glaive de mes fils de droite, de gauche et ceux d'aucun camp : mes eternels marrons, ils ont des amis des deux cotés et leur victoire est assurée !

Pour mes messies, mes leaders charismatiques, mes révolutionnaires, mes nationalistes et mes anti-bourgeois il y a eu le sacre. Et pour moi toujours le massacre dans leurs entreprises de démolition.

La peur m'empoisonne : quel sera cette année mon rang dans l'IDH, le RNB/hab et l'IPE ?

Christophe doit tomber de haut dans son éternité, doit se sentir humilié devant ces fils ratés.

Fallait-il faire la Ravine-à-couleuvres, la Butte-Charrier et Vertières pour aboutir à ma déchéance ?

Mes premiers fils ont fait la Citadelle et mes derniers font Cité l'Eternel et Jalousie

Mes premiers ont cassé l'esclavage et le colonialisme mes derniers cassent mon prestige et mon honneur. Ils se font mendiants et assistés.

Enfants de malheur, oh je suis la pute et ils sont mes fils. Eh oui !! Ces fils de p...s......

Ce n'est pas les deux cent ans qui m'abusent mais ces fils incestueux qui m'infectent

Ils étaient là au Pont-Rouge, en 1825, en 1914, en 1950, en 1957, en 1994 et en 2006.

Mes premiers fils ont fait le Bois-Caïman et la Ravine-à Couleuvres, mes derniers font le Bwa Bande, le Kanpe Kin'n et le Gren'n pwa

Ils m'ont imposé Soulouque, Tonton Nord, les Zinglins, les RPK et les Tontons Macoutes en mariage au lieu de Firmin et du progrès en concubinage. Oh ces fils de p... !

Ils m'imposent les plus incultes sous couvert de pouvoir au plus nombreux, oh fils pourris qui salissent mes entrailles !

Ils m'appellent Perle des Antilles... Ah mes fils font encore leur besoin dans des bocaux, des sachets, des canettes et à l'air libre. Ils se foutent de moi ces négrillons !!

Première république noire, eh oui je l'étais en 1804. Cela se mérite. Mais je ne suis plus que l'ombre de moi-même. Et depuis, mes fils chéris vous aviez fait quoi ? Canaille et racaille ! Je plains vos slogans creux et hypocrites.

J'aurais du être moins chrétienne en faisant neuf millions d'avortements, je n'aurais eu aucun de ces marrons comme fils. Tonnerre.... j'ai bien compté mais *mal kalkile*

Antenor Firmin a fini par avoir raison : « *mêmes les cochons s'ils le pouvaient me quitteraient.......* »

Quand on sait quel est le prix d'un parlementaire, combien il coûte en ressources financières (mon sang !, mes sueurs !) fallait-il m'imposer ces K2, ces C2, ces J3 ? J'en meurs.

Je meurs de ces soulouqueries, de ces droite-Gauche et que sais-je. Qu'est ce qu'ils Prévalent ?

Je suis en lambeaux, mes fils n'ont aucune honte, ils ne se culpabilisent pas. Sacrés éhontés !!

Des nuages noirs qui viennent de Solino et de La Saline, de Fond-Verretes, des Gonaïves et de Gran Ravine colorent mon visage.

J'ai honte de moi. Qu'une puissance nucléaire ait le courage d'accélérer mon naufrage et d'abréger ma souffrance !

Je veux rejoindre l'Atlantide et m'offrir aux archéologues au lieu de rester encrassée, violée, édentée, pointée du doigt par nos voisins et nos lointains et salie sous les pieds de mes foutus fils.

De 1806 à 2010 le temps s'est écoulé, il a passé pour rien. Rien n'a changé pour moi. Finissons-en !

Ah vous voulez reconstruire ! Reconstruire ma laideur, ma crasse, mon visage ridé, mon estomac vide, mon sang infecté et mon anarchie ! Votre proposition est indécente !

NE M'APPELLEZ PLUS JAMAIS HAITI

Ne m'appelez plus Haïti !! C'est ma dernière volonté

TAREM Pierre Seroj
Un de mes fils adoptifs

H F-L
TEXTE EXTRÊMEMENT ÉMOUVANT ; A LIRE !

R J
La proposition peut devenir décente en la reconstruisant à lui redonner sa beauté, à enlever sa crasse, adoucir son visage ride, à remplir son estomac vide, à purifier son sang infecté, et à éliminer son anarchie. Si cela peut se faire, elle ne peut pas disparaitre ; et elle gardera son nom. Ne désespérez pas !

H F-L
Que devrais-je ajouter ma chère mère, ... laisse moi voir .... je réfléchis .... oui, voilà ... tu as parfaitement raison ma chère mère; mes frères sont trop pauvres d'esprits pour comprendre tes lamentations. Ils n'ont plus d'âmes et leurs esprits blanchis ne peuvent plus recevoir les doux rayons de ton revers. Entre autre, chère mère, je te promets ! Il y a des tes fils qui partagent tes lamentations. Il y a de tes fils qui bravent l'iniquité de leurs frères pour protéger l'enceinte de ton sacre. Je te promets chère mère, dans un temps très proche, ils retourneront à tes pieds à fin que tu puisses les pardonner de leurs traitrises vis-à-vis toi et vis-à-vis leurs frères.

Chère mère « Aïa », « Ti » est ta demeure ; Tu es le « Ku » de la semence et de la récolte ; Tu es le « Ishi » de l'humanité ; le « Ku » de la fécondation. Tu es Quisqueya (Ku-Ish-Ku-Eya), la Mère des Terres, Mère des Civilisations !

Oh je t'implore chère mère ! Et, c'est sur cette terre que tu te dévoileras à nouveau. Là, où tu seras finalement revêtue de ton « Lapis Lazuli » pour te rasseoir sur ton trône. Le jour approche chère mère ; ne te décourages pas, surtout pas !

87

R J
Quelle belle imploration ; Impressionnée!

M J
On se sent si coupable qu'on n'a même pas l'audace de commenter. Votre imploration Monsieur LEMOINE est comme un baume sur cette plaie ouverte dans nos cœurs parce que notre MERE NOUS REFUSE LE DROIT DE L'APPELLER HAITI !

H F-L
N'empêche que, une mère, restera toujours une Mère: pardonnante, oubliante !

M J R
Il faut espérer contre toute espérance qu'Haïti se relèvera bientôt de ses décombres et son nouveau visage rayonnera à travers le monde car ses fils ne l'auront pas abandonné à jamais. Ayons confiance !

R J
En effet, c'est pourquoi, la dernière volonté de l'auteur n'arrivera jamais. Haïti sera toujours Haïti, *peyi pi bèl avèk pitit li.*

C E D
Tous les pays du monde ont connut « leurs traversées du désert » ; c'est le tour de notre mère patrie. Il nous faut l'aider à sortir de ce marasme. Les gens de biens, les haïtiens authentiques, les intellectuels ne peuvent plus rester les bras croisés, à assister à la dérive de la barque nationale. Il nous faut un grand *kombitt* pour aider notre pays à sortir de cette impasse. Espérons qu'un jour tout ceci sera de l'histoire ancienne et que Haïti retrouveras sa beauté et son charme unique.

N T W

Elle a raison . Elle pleure ; des larmes de sang ont coulé sur son visage meurtri par la douleur que lui ont infligé certains de ses enfants corrompus. Cette belle femme qui était d'une élégance incomparable a été dépouillée de tout. Oh oui, croyez moi ! Son fameux collier de perles a disparu et malgré tout, elle résiste encore. Elle attend beaucoup de ses enfants pour reprendre force. Un vibrant appel à l'unisson serait nécessaire afin d'aider notre mère patrie à panser ses blessures.

F C

Je l'ai lu Hervé, Magnifique. Mais en lisant ton commentaire j'ai tremblé à cet hommage à notre Mère terre. MERCI.

Oui, Elle se relèvera bien plus Belle qu'elle ne l'a jamais été. Fraternellement !

P P

Lorsqu'une mère s'abandonne à son chagrin, l'instinct de ses enfants devrait être de se « rassembler » autour d'elle, de manière à l'aider à voir que le soleil peut encore « briller ! »

E R

Hervé, Bravisimo... che que barbaro... estoy acuerdo contigo... nosotros debemos cambria nuestra Patria... Disculpe, la palabra eran cambiar nuestra Patria... You are deep thinker... I enjoy all of your posts...

L B

Texte émouvant qui charrie les complaintes d'une mère à l'agonie ! Mais je ne partage pas du tout la fatalité de la fin ou Ayiti devrait rejoindre l'Atlantide. Nous avons le devoir d'y croire tout en multipliant nos efforts. Il n'ya pas une fatalité inhérente à Ayiti. Nous devons nous accepter tel que nous sommes et nous mettre ensemble pour aller de l'avant.

F C
Merci L B.

Pour ceux qui se disent « religieux », la religion « Amour » n'est accessible qu'à ceux qui savent penser et choisir par eux-mêmes. Pour ceux qui ne sont pas encore prêts, ceux qui se nourrissent des pensées unilatérales destinées à l'adulation d'un peuple au détriment d'un autre, il leur faut questionner les choses comme il convient. Il est évident qu'une culture dominante établira son autorité sur les autres jusqu'à sa chute ; et ceci, par tous les moyens possibles, jusqu'à l'émergence d'une autre.

La connaissance diffère beaucoup de la raison, car celle-ci atteint aux choses qui s'élèvent au-dessus d'elle, mais la connaissance est le but de la raison […] Hermès.

DEFINIR HAITI - BOHIO – QUISQUEYA

Lorsque l'Haïtien comprendra que Quisqueya (Ku-Ish-Ku-Eya) est sa demeure -Bojio, Aïa (Ai) se réveillera sur sa Terre (Ti) –
Quisqueya (Ku-Ish-Ku-Eya)= Mère des Terres - Mère des Civilisations –
Bojio/Bohio-, lakay mwen –
Aïa (Eya) = Aï, Aïa (Eya) -la grande déesse des temps, reine du ciel et de la terre -Ti, en Taïno, signifie « grand Esprit », lieu ou demeure.

L B
Konnen tèt ou, konnen saw ye, konnen kote w soti, wap konsyan de kisaw ka fè!

R J-B
Merci Hervé d'avoir partagé cette très belle définition de tant de mots qui sont souvent mal compris par nous, Haïtiens, héritier de cette chère terre, la terre d'Aïa.

O L J
Très compliquée Hervé, à la fin, cela veut dire quoi? Je vois que tu as gardé ton hilarant photo profile.... lol

M C P-L
UOh!! Haïti Chérie !! Pi bèl peyi pase ou nanpwen. Fòk mwen te kite ou pou mwen te kapab konprann valè w'.

G H
I am just curious; TO WHOM is the "Reine du Ciel" married? I mean is there a "ROI"?

C R J
Good to know

H F-L
@ Gina - Dans les temps précédant l'Histoire Classique - 5000 ans environ-, le roi ne régnait pas. Il s'agissait d'un roi de consort que la reine, avatar de la déesse, choisissait à environ une fois par an. Ce n'est qu'en patriarcat, à partir de Gilgamesh, à Sumer (la Mésopotamie d'aujourd'hui) -3000 A.J-C., environ-, que le roi devient régnant.
Pour plus d'info, Face à Face autour de l'Identité Haïtienne - page 86

@ O Ludmilla - Je ne comprends pas la question.

@ Gina - I have a question: to whom the male God as we now know it, is married to?

G H
@ Hervé - Thanks for the first answer, I need to get your book to understand this further. To answer your most recent question, a writer yourself, you know the importance of research. Thought gathering and relevancy for a marriage of words throughout the book.
The male God as we know it, was successful in leaving us a book that explains who he is, how everything

came to be, and, over thousands of years that marriage of words and relevancy have yet to be defied. Example: Book of Job: "The circle of the earth", while men were still thinking that the earth was flat or held by something. He was right in HIS book. I have yet to know of the Reine's book and its relevancy as tried over many years. To sum up, those who care to read the male God's book will find out what he says while I am very open to reading the female God's book if one exists. Have a nice day!

H F-L
@ Gina - Very clever! I see your point-of-view. Now we are talking about faith/belief. Unfortunately, Gina, I was not debating faith; therefore, I cannot give you a satisfactory answer.

I was talking about History when I mentioned Aïa. I am a writer, not an educator. There are hundreds of "History" books that refer to the Goddess' presence before the patriarchal God.

Each Civilization has it beliefs. The one that we're in -the Western World- has God, Dieu, Dios, etc. Others have Allah, IHVE Adonai, etc.

For basic understanding, remember the following: All of them derived from an entity before them, It was the voice of the earth registered by most people on the planet; all, at the same time or the same time period. It was the sound of "Yahu" -the voice of the spirit of the Mother Earth, called Terra -Gaia- by the Greeks.

I don't have time to write a book to explain that to you, but if you are sincere about acquiring knowledge, there are too many books available for enlightenment. If you decide to do that, Face à Face will lead you to the discovery of a different world; a completely FREE world where people can think, ask questions and find SCIENCE FACT. A world where people will no longer accept what has been imposed upon them. In this world of Knowledge, Gina, if you're not afraid to find out the real you, you'll be a Queen!

I love you my dear friend.

G H
Good stuff. Thanks so much. Much love!

FACEBOOK DIALOGUES & CONVERSATIONS (I)

IN REMEMBRANCE

He his brain dead, said the doctor; even if we could drain all the waters that have submerged his brain he wouldn't be able to survive on his own.

-7-

IN REMEMBRANCE

September 17, 2010

Instead of waiting for two more days, I found it easier to let it out today.

On January 29, 1991, at dusk, my phone rang and a troubled voice informed that Johnny had an accident! How is he, was my first reply? He is at the Trauma Center at Jackson Memorial Hospital. I got there within a half hour. I was greeted by a neurosurgeon who told me that his case was critical. I went by his bed, and powerlessly I looked at him! I was ready to give up my own life in order to save his.

He his brain dead, said the doctor; even if we could drain all the waters that have submerged his brain, he wouldn't be able to survive on his own. He is on life support, and we will watch for any improvement for next 36 to 48 hours.

I knew then he was no longer. He was 7 years old; he would have been 26 today (well on the 19th).

I was asked to donate his organ, especially his heart and kidneys. There was a kid his age which was dying of heart failure, so I gladly accepted.

Today is actually the first time I am talking about this. It feels like it just happened. My reaction is the same as it was then: be strong for your other kids Hervé. And that's where we are today.

I am thankful to see this day where I can express my grief and sorrow.

He was born on September 19, 1984, and my dad was born on September 16, 1920. He died on January 29, 1991; my dad died on January17, 1968.

My oldest daughter was born in January, so I have all the reasons not to be frightened by that month.
Thank you for reading this note. It is just a scar that I and many others have to live with. And that's life! Love you always Johnny; I miss you; Dad.

N L
Courage, as we feel your pain! (I am unable to find the words.)

M P
Beaucoup de courage Hervé !!! Tu dois être fort pour les autres membres de ta famille. As you said it: It is just a scar that you have and all of us we do have "ours'". I can feel your pain; I went through the same "Scenario" of life support, and brain dead with my own and with the father of my three kids! Keep God in your life, every day!

H F-L
Ain't life a bitch; But beautiful!

M P
Yes it is! But still beautiful!

E S V
God only knows why? Courage Hervé! Be strong for the others. They need you by their sides. In sharing that will also help.

Y F
Let it out Hervé, it is the best thing to do; exhale, cry, bargain, touch your soul, and feel the scar so the healing process can flow at your own pace. My thoughts are with you!!

P P
Il y a des blessures de la vie, indélébiles, qui marquent au fer rouge notre esprit. Ceci, pour le restant de notre vie, des blessures que l'on pense être cicatrisées, et pourtant,

qui se remettent à saigner, en abondance, chaque année. Une date, un jour, une heure où la mort, cruelle, brise un destin.

La vie s'arrête pour quelqu'un. La vie s'arrête pour toute une famille. Lorsque c'est un enfant, que l'on arrache à la vie, on pense ne jamais pouvoir survivre à cette déchirure viscérale. La tristesse s'imprègne dans tous les pores de notre être, dans notre corps, dans notre tête, et, elle ne veut plus nous lâcher. On voudrait le suivre, partir avec lui vers l'au delà, mais on ne peut pas, alors on survie

On ne le fait pas pour soi même. On le fait pour toutes les personnes chères à notre Cœur, qui ont besoin d'une force suprême pour s'en sortir. Alors, par Amour pour eux, on reste digne et, peu à peu, à force de s'accrocher à la vie, elle fini par nous sourire à nouveau. On retrouve le chemin du bonheur, et on est à nouveau heureux.

Hervé, JOHNNY s'en est allé, mais, à travers lui, un autre enfant a pu vivre, respirer, grandir et s'épanouir. Et, ce souffle de vie qui est en lui, c'est grâce à des parents extraordinaires, qui ont pris une très difficile décision : celle de faire le don d'organes de leur fils. JOHNNY doit être très fier de son père et de sa mère.

Hervé, reçois toute mon amitié et mon soutien, pour ce moment difficile.

A S
No dyol 2 talk! Hervé, burying a child is perhaps the most traumatic moment of the human experience. Be strong brother! And cherish the memory of the seven years you shared with him.

C E D
Burying a child is a parent worst nightmare. But that is life and a lot of us have to deal with it. Hervé, I can feel your pain, and I imagine myself facing such a tragedy. It is good to speak out and to ventilate; you may find closure

like that. Take solace in the fact that he is in a better place looking over his family, like your good angel.

K Art
If you look upon the night sky, you can see him right next to the brightness one of the heavens. Remember to smile at him.

A P Jr
I want to take the time to thank you for letting us be a part of this very emotional moment. I lost my dad five years ago. He died from oral cancer. Although he lived long (89), it was a very difficult moment to overcome. My brother lost his 10 year old daughter in the quake, and I can say it has been the worse time of his life, and it continues to be a struggle every single day for him.
  Gason pa kanpe! Keep it up bro!

N R
Not much I can say!

K Art
MOURNING A LOVED ONE
When the beginning and the end
...Reach each other and blend
Trying to make sense, to understand
Dealing with pain, we must transcend.
An emptiness, we strive to comprehend
Upcoming loneliness we apprehend
Crying in the night, arms, we overextend
To the pity of a god who remains condescend
Then inside of us deeply we must descend
To find the inner strength on which we must depend
Love ones never die, they just transcend
In our heart forever they live, with our soul, they blend
From where they are, our broken hearts they will mend.
Kristo

H F-L

You are really amazing; friends! I feel so much better. All these postings will be gone by tomorrow. I thank you all. Life goes on and I love you all!

M L

I am sorry to hear about your loss. Take courage!

C P M-C

Mon bien cher ami, je ne trouve aucun mot à t'offrir en sympathie pour cette façon brusque et cruelle que la mort t'a enlevé ton petit garçon, je ne cherche aucun sachant qu'ils n'aident que pour un bref moment.

Je me mets tout simplement à ta place pour apporter cette croix beaucoup trop lourde, ne fut qu'un n'instant.

Ton fils vit en toi et par ton acte généreux, il a donné la vie à un autre tout comme par la mort du Christ nous avons la vie, il est ton ange Hervé et ta grange souffrance n'est que l'expression de ton grand amour.

J'ajoute mes larmes aux tiennes Hervé car étant la mère de quatre garçons dont je suis le père et la mère, je ne pourrais être aussi forte que toi.

Que Dieu veille sur tes autres enfants et sur les miens aujourd'hui et toujours.

Johnny a connu l'amour de son père ne fut ce que pendant sept ans, il est parti sachant qu'il est aimé.

Combien d'enfants rêvent de l'amour de leurs pères alors qu'ils sont pères et fils bien vivants, cela c'est la triste vérité de la vie.

Que Dieu t'arme de courage Hervé !

M L W

We are all Passengers here. When God decides to call us back there is not much we can do, but to comply. It is so hard for those whom stat, but the good Lord never gives chagrin that one cannot carry.

Sharing your pain; lots of love!

M D
It is said that time heals all sorrows. There are instances, the healing process takes an eternity. As a parent, just the thought of losing a child puts me in the worst possible grief and yet, the experience has never been mine. And I hope it never will. Your son's heart lives on in another child, then, a man now. Du Courage mon ami, Du Courage !

Y M L
I am so sorry for your loss, and I will keep you in my prayers. It is not easy to lose a loved one. You had made a very good decision by donated his organ. Now he is a part of him still living.... Your story is very touchy; may God bless you and your family Hervé!

H F-L
I want to thank each and every one of you in a very particular way: I love you all!
Thank you Marie Louise!

G D
We love you too Hervé!

La problématique de l'éducation s'est toujours posée chez nous parce qu'il n'y a jamais eu de réelle volonté politique d'instruire les masses, et le complot permanent contre les intellectuels depuis l'aube de notre histoire fait aussi partie de cette stratégie de ne pas instruire l'homme de la rue.

Alphonse Piard Jr

-8-

L'EDUCATEUR DE DEMAIN

Au 21e siècle, l'enseignement et l'instruction sont un passage obligé pour gravir les échelons de la connais-sance. Un changement sans précédent se déroule sous nos yeux et l'éducation, empreinte d'inspiration et d'espoir, doit être envisagée sous un nouvel angle. Cette éducation doit être basée sur la connaissance et non sur la culture du plus fort comme cela a eu lieu jusqu'à présent.

La vision collective doit être modifiée et la connaissance individuelle adaptée en vue d'un affranchissement personnel; d'où la nécessité de préparer nos éducateurs pour que, à leur tour, ils puissent mettre l'accent sur la préparation des plus jeunes, les adultes de demain. Il faut donc reconsidérer les principes établis et porter les ajustements nécessaires à cette fin.

Le remaniement des structures sociales et le développement personnel sont désormais un devoir pour tous ceux qui veulent se réconcilier avec eux-mêmes et avec les autres.

Il est nécessaire d'envisager une nature humaine différente. Chacun doit être guidé et accompagné dans une démarche de paix et de discipline intérieure afin d'exercer la pratique de la tolérance, de la patience et de la responsabilité.

Chacun doit pouvoir retrouver son identité pour être à même de choisir le mécanisme qui mènera à la maturité dans le respect de sa véritable essence. Avec sagesse et amour, on sera entraîné à devenir responsable, respectueux et plein de ressources.

La rupture du paradigme ancien devrait signifier la réévaluation de la signification même, des buts et du rôle de l'éducation de manière à changer la vision ultime de l'être.

Le rôle de l'éducateur ne consistera plus dans la transmission des valeurs établies, mais dans la propagation de la sagesse et de la connaissance. Il découvrira la vérité et deviendra un guide à son tour ; car la connaissance et la sagesse se transmettent d'une génération à l'autre. Il faudra partir à la découverte de soi et être responsable l'un envers l'autre.

J'imagine l'Haïti du 21e siècle comme un endroit où chacun apprendra à découvrir ses compétences et ses aptitudes et non à acquérir une mémoire excessive.

Le jour est proche où les dirigeants gouvernementaux, les différentes élites et toutes les couches populaires, s'affirmeront et prendront la Nation en charge. Hommes et femmes du pays seront guidés avec honnêteté et fierté et constitueront eux-mêmes, demain, pour les enfants, des modèles dignes des valeurs humaines.

En cette ère nouvelle où l'imagination, l'intégrité et le sens des responsabilités doivent être au cœur de toutes les préoccupations, l'éducateur se doit d'être un humain intègre et conséquent qui manifeste l'amour par le don inconditionnel de soi, sans imposer ni dicter une croyance ou une idéologie. De ce fait, il sera capable de se dédier, corps et âme, à l'émancipation de ceux qui sont appelés à devenir les citoyens de demain.

Dans ce millénaire où toute valeur semble disparaître, la culture sera le point de repère des groupes sociaux. En participant à ce renouveau, on contribuera au bonheur des fils et des filles de la Nation et à celui de l'humanité tout entière.

Il importe de comprendre la véritable histoire de l'humanité, particulièrement l'histoire et la culture haïtiennes, pour effacer la confusion qui a été créée.

Il faut aussi comprendre le déploiement de ce courant de pensée qui a servi jusqu'à aujourd'hui au déracinement et à l'effacement d'une mémoire haïtienne. Car cette exaltation qu'a connue la pensée n'a pas été sans péril.

Me positionnant en observateur concerné et ayant perçu l'obligation de participer à ce renouveau, mon apport ici n'est pas celui de l'expert et se veut des plus réservés. Aux techniciens, scientistes et politiciens, il revient désormais la charge de marcher dans le sens du progrès spirituel à la recherche d'un but unique: l'harmonie et la paix pour tous.

Hervé Fanini-Lemoine
« Face à Face autour de l'Identité Haïtienne »

A V

J'ajouterai, comme disait Jacques Salomé, « Une école de parentalité !» Merci Hervé

G E D

Que dire si ce n'est que notre souhait pour chaque citoyen de notre pays.

Après le chaos du 12 janvier 2010, il est maintenant necessaire d'avoir des leaders capables de mener un grand nombre à prendre conscience de leur citoyenneté et du rôle déterminant de chacun en vue d'un renouveau devient primordial!

Nous devons tout de même nous rappeler qu'une fois ce processus entamé, les résultats ne seront visibles qu'à moyen ou long terme.

H F-L

Il s'agit d'un casse-tête sur la rééducation des éducateurs, des élites et des dirigeants!

M J

Monsieur Lemoine, je suis complètement d'accord avec vous; l'éducateur doit être une personne intègre. Il ou elle n'a pas le doit d'imposer sa croyance, mais d'agir comme guides afin d'amener les éducateurs de demain dans le vraie chemin. Vous avez aussi mentionné que la sagesse est aussi un outil essentiel que nos éducateurs doivent utiliser afin d'aider les jeunes femmes et les jeunes hommes qui seront nos futures politiciens et gouverneurs. Monsieur, J'aime et j'apprécie vos pensées.

A P Jr

Il faudra avant tout, former ces futurs éducateurs. Finalement, tout ce résume à une question de révision de notre système éducatif pour mettre en valeur l'individu comme contributeur au bien-être général. Un système educatif qui prônerait une dévotion à la Nation et le respect des grands principes universels. Un système éducatif qui enseignerait la tolérance et l'inclusion. En d'autres termes, un système éducatif qui nous permettrait d'entrer dans la modernité.

Hervé, sais-tu que je suis persuadé que si nous réduisons notre taux d'analphabetisme à 5% ou 10%, ces objectifs seront à portée de la main. Les campagnes de sensibilisation ont une meilleure chance de réussir parce que l'individu lettré aura accès à l'info directement.

H F-L
Avè w map mache Jr., entièrement d'accord!

R J
You made a good point.

D F
Really beautiful vision, ideologically and politically vision! Concerns remain as to the pragmatic "HOW" and "WHEN". Ideas can become projects if the inventors also develop strategies for convincing the powers that be, (that's an inescapable reality) and how to do it as well as whom to start with.

I admire the author's skills and gift for writing. Also, will the beneficiaries participate democratically, inasmuch as they can, as to the system to be constructed? Congratulations on a beautiful note!

E S V
L'éducation est un point très important pour chaque individu en particulier, et pour un peuple en général. L'éducation est la clef pour aller vers l'avant avec l'évolution du monde entier. Il y a aussi d'une part un leader né. Il n'est pas n'importe qui. On peut être bien éduqué et aussi bien préparé que tous les leaders au monde et ne peut gérer une nation. Il y a des leaders nés et des leaders voulus parce que je possède plus, ou autres, avec leur éducation peuvent gérer une nation fausse.

Pour l'avancement d'un pays, on a besoin de tous : les intellects, les moins intellects, les riches, les pauvres, les vieux, les jeunes ; une collection d'idées est aussi très important, etc. Il faut être aussi conscient de nos problèmes. Dans nos cas, il faut aller à la source ou remanier les racines pour arriver à leur production. Il n'y a pas de ciel sans les étoiles de même de mer sans l'eau. Tout comme il n'y a pas de paix sans l'harmonie.

Merci Hervé, un beau texte.

M J
Monsieur Lemoine, je crois fermement que votre apport concernant L'éducateur de demain, constitue une base de travail et de discussions autour du renouveau de l'éducation en Haïti au 21e siècle. Vous dites que votre apport n'est pas celui d'un expert. Je me vois obliger de vous contredire et je vous prie de me pardonner car chaque paragraphe de cette étude constitue à lui seul une thèse de techniciens, de politiciens et de scientistes qui pourront se pencher sur la recherche de « l'harmonie et de la paix pour tous. »

A P Jr
@ Danielle:
Excuse cette longue tirade, mais je pense qu'elle est nécessaire.

Je crois qu'il faut faire la différence entre ce que nous, dans la diaspora, aimerions voir se faire en Haïti et la réalité politique et socio historique de notre pays. La problématique de l'éducation s'est toujours posée chez nous parce qu'il n'y a jamais eu de réelle volonté politique d'instruire les masses, et le complot permanent contre les intellectuels depuis l'aube de notre histoire fait aussi partie de cette stratégie de ne pas instruire l'homme de la rue. Il faut pointer du doigt les intellectuels, ces brebis galeuses qui ne servent à rien.

De Louis Joseph Janvier, en passant par Jacques Roumain, Jacques Stephen Alexis, et plus près de nous René Dépestre, Lesly Manigat, Dany Laferrière, Frank Etienne, pour ne citer que ceux-là, nous avons vu se succéder en Haïti toute une série d'évènements qui traduisent une volonté politique systématique d'écarter et d'exclure les gens d'un certain savoir des arènes du pouvoir, alors qu'ils sont adulés à l'extérieur du pays. Cela me fait rire quand on parle du rôle négatif des intellectuels dans ce pays. C'est très paradoxal parce que les intellectuels ont rarement occupé la présidence dans notre pays et leurs actions sont toujours sévèrement sanctionnées par les gouvernements en place : emprisonnements, bastonnades, assassinats etc.

C'est une réaction défensive qui prend sa source dans l'idée de pérenniser la conservation du pouvoir par des groupes d'illettrés conscients de cette faiblesse séculaire. Cette prise en otage qui fait assimiler l'état à un groupe d'individus a vu le jour depuis l'assassinat de Dessalines. Nous avons vu a ramassis d'incompétents, d'ignorants se succéder à la tête de ce pays dans des bains de sang, des luttes de gangs, des histoires de vendetta etc. Ces groupes n'ont jamais pu solidifier nos institutions (le but n'a jamais été de le faire d'ailleurs) et l'éducation des masses a toujours été le cadet de leur souci d'autant plus qu'ils n'avaient pas la compétence pour le faire non plus.

Quand à la question sur le « motus operandi » de ma première intervention, je n'ai pas la réponse ; car notre système éducatif a produit toute une série d' « analphabètes fonctionnels » (j'inclus dans ce groupe la plupart de nos scolarisés) qui sont prêts à tout pour assurer la pérennité de ce système désuet, inapproprié et suicidaire, tant qu'ils peuvent tirer leurs marrons du feu. L'avènement du populisme de ces vingt dernières années rend les choses encore plus difficiles parce qu'il ne fait que perpétrer et même renforcer la structure fractionnaire de notre société. Depuis 1986, le fossé n'a pas cessé de se creuser, et les inégalités sociales se sont aggravées. L'idée de prendre l'éducation en main de l'extérieur est la première qui me vient à l'idée.

H F-L
Bravo Jr ; doit au but: « il n'y a jamais eu une réelle volonté politique » !

R J
Je te comprends parce que je partage tes soucis. Il faudrait une rééducation complète d'abord en tant qu'individu puis en tant que citoyen.

H F-L
En effet Alphonse !

A P Jr
@ Hervé:
Tout à fait, mon cher ami; et l'explication est simple. Si tout le monde est instruit, on ne pourra plus faire avaler n'importe quoi à ce peuple. Il pourra mieux s'organiser et œuvrer à l'avènement de ce futur dont tu parles. Ce serait la fin de ce complot séculaire contre le savoir et le modernisme. Il va sans dire que des réformes majeures, au préalable, seront nécessaires dans notre système éducatif afin d'amorcer cette renaissance de l'homme haïtien dont tu dresses si bien le portrait dans ton article. C'est pour cette raison que je parle d'une solution pour l'éducation de l'extérieur.

Oh ! J'allais oublier. C'est super d'avoir amené ce sujet qui génère des réflexions de ce genre. Chapeau!

R G

L'éducateur de demain est une idée d'autant plus féconde qu'elle met en cause le système éducationnel qui la forme. Car, l'affirmation de l'homme social citoyen et sa citoyenneté passent d'abord par la reconnaissance de son existence sociale et civique. D'où la nécessité absolue d'un enseignement national reflétant la réalité du pays. La bonne formation d'un citoyen crée le bonheur immédiat et, est une gageure pour l'épanouissement de l'humanité.

J R A

Un général américain auquel on avait recommandé d'être plus exigeant quant à l'éducation des recrutés, répondit à son supérieur: mon commandant si les soldats sont éduqués, qui va mourir pour la patrie ? Honni qui mal y pense ! Car ceci n'a rien à voir avec cela.

C B

En résumé, tout cela est une question de contrôle du contrôlant par le contrôlé.

A P Jr

Tout à fait Céline

J R A

Il ne reste plus rien à ajouter. Une joie totale envahit tout mon être en voyant que nous avons encore un penseur du niveau de monsieur Lemoine. Grenadiers à l'assaut *sa qui mouri zafè a yo.*

J'ai puisé une nouvelle énergie dans cette lecture. MERCI!

P R C

Il s'agit là de l'avant-propos de votre magnifique livre Hervé. J'apprécie tout particulièrement l'une des dernières sections LES LOAS DANS LE VODOU. C'est en plus un livre qui regorge de plusieurs références, donc vraiment

un outil essentiel pour la compréhension de la culture haïtienne.
Merci beaucoup.

H F-L
Merci Mr Ambroise.
Anne, tu sembles avoir terminé la lecture de Face à Face; j'espère avoir pu éclaircir un peu quelques mystères qui enveloppent l'évolution et la compréhension de ma culture.

J M A
Je dis souvent que cette tache n'était pas aussi difficile si seulement on pensait à faire de chaque Chantoutou une petite éducatrice de la grande Saintanise. Alors la classe moyenne noire et mulâtre et les ramassis intellectuels ont eux aussi raté le train du bien faire.
Gardons l'idée que le pessimiste dit souvent que le temps perdu ne se rattrape pas ; ouais, l'optimiste nourrit l'aphorisme qu'il n'est jamais trop tard pour rehausser et investir dans l'humain. Cessons ce palabre et passons à l'action. Merci pour l'opportunité qui m'est offerte.

H F-L
Action: suggestions?

J M A
Retournons au bercail à l'instar de plus d'un de mes connaissances. Les déshérités ont grandement besoin de nous, spécifiquement dans les provinces. Déclenchons-nous un programme d'alphabétisation et soyons utiles à la patrie.
A plus tard, pour plus de détails.

K J
L'éducation de la jeunesse d'un pays est la garantie la plus sure pour sa prospérité. Non seulement, notre chère

patrie, Haïti à besoin de très bons ouvriers, mais certainement d'étoffe de qualité

The mere fact that our people were subject to colonial domination by foreign powers, that forced us to assume a disorganized Taïno National Society, does not constitute that we are an extinct race of people.

Chief Peter Guanikeyu Torres

-9-

ARAWAKS TAÏNO DESCENT
DENIES GENOCIDE

Tau Natiaos, Hello Brothers,

We, as a Taïno people must start writing to anyone who is presently authoring articles of misinformation about the extinction of our Taïno people and to correct those who are promoting this kind of misinformation about our Nation. It is the responsibility of a people to justly defend their Taïno national sovereignty. In this way putting to rest once and for all the false rumors that we as a people are extinct.

It is clear that much of our language has been somewhat mixed, yet it also was never extinct but transformed via a fouled European colonial attempt to wipe out or destroy our language and Antillean race via an intentional and further unchallenged act of inhuman mass genocide against the Taïno Nation. The mere fact that our people were subject to colonial domination by foreign powers, that forced us to assume a disorganized Taïno National Society, does not constitute that we are an extinct race of people. It only shows that we were given no other choice for cultural and racial survival as a people. The Taïno people today must become very aggressive when challenging these false story tellers. Historically we were a very gentle people, but the oppressive circumstances we have faced as a people, has forced us to take this righteous path to vindicate our ancestral rights. With this message to the world communities of nations, we are further requesting the many noble friends of the Taïno people, scholarly and other common people of good heart to stand up for the Taïno people's rights as a member of the International world of the community of Indigenous Nations.

A NOTE FROM THE AUTHOR: As a Taïno Indian man of noble heritage, I am not in a position to speak for all of the Taïno Tribes and Organizations of the Taïno Nation, but only for the Southern Jersey Taïno Tribe of Jatibonuco and its traditional Tribal Council, and the Taïno Council of Jatibonico of the Island of Boriquen, known as Puerto Rico.

Respectfully yours,
Chief Peter Guanikeyu Torres

J C J
Good info; Thanx Hervé!

C S
Onè-Respè!

C D M
Merci pour les informations Hervé

O L J
Something else to meditate...

M E F- B
Thanks for sharing this info.

C P M-C
Très intéressant, merci Hervé.

P R C
Très intéressant. Où sont actuellement les membres (du moins, ceux qui vivent encore) de la Nation Taino ? Était-ce la nation qui était jadis à Haïti ?

H F-L
Guys, you're welcome. I have great information in regard to Haiti, but I don't want to bombard you with too much at once. ☺)

@ Projetto – Des Tainos d'aujourd'hui, Anne!-

Chief Peter Guanikeyu Torres est l'arrière petit fils de "Chief Orocobix", héritier du trône du royaume de "Jatibonico Taïno Indigenous Nation of the Caribbean & Florida."
Tu peux le contacter à
The Taïno Inter-Tribal Council Inc.
527 Mulberry Street
Millville, New Jersey 08332
torresp@algorithms.com

P R C
Merci beaucoup !

H F-L
Entre autre, ils s'estiment à peu-près cinq millions vivant à Boriquen (Porto-Rico), New Jersey, la République Dominicaine, Cuba et d'autres régions de la Caraïbe.

P R C
Bien, ils ne sont donc pas disparus. Je comprends le Grand Chef. Je vais regarder plus loin. Merci Hervé, je ne connaissais pas cette Nation.

A V
Eureka : Plus on avance, plus nous avons des choses à apprendre, donc les nouvelles technologies et les réseaux sociaux virtuels vont nous aider à partager ces découvertes.
Un grand merci Hervé, je vais les contacter dès lundi.

H F-L
@ Aulida - Ces informations sont dans « FACE A FACE autour de l'Identité Haïtienne »

M L

Les Arawaks et les Caraïbes D'Haïti n'étaient de pures sauvages. Ils possédaient une civilisation politique, sociale et religieuse.

We came from the same place, Jamaica, Martinique, Guadeloupe, and all the other non-white people in the Caribbean.

Why we, Haitians, so confused and the other black people in the area are not? Is it because we speak the French?

We are more pretentious than any other black people. I don't know if this is good. The other black people have different classes as well. And they are all more productive than we are. Let us reject this voodoo that is keeping us in darkness. We need to see the light. We need to see things in the right perspective.

Please, don't be angry because I am telling the truth.

N T F

When are you going to stop blaming the Vodou Religion for our ignorance and our "darkness"? I don't practice this Religion, but I have great respect for all Religions whatsoever. There's only one God, by the way. I think you're the one who's confused. Who says that your religion is the best? I'm not angry. I feel sad for all ignorant people.

Give me a break!!!!!!!!!!!!!! :-(

H F-L

Pale avèk Nancy (Gérard) !

H G D

Ti dife boule! ;>)

Herve Fanini-Lemoine

Youn gwo liv sou zafè listwa peyi d Ayiti!

G P. S

You said it all Mrs. Leconte!!

H G D
Amen/Ayibobo to that one Hervé!

M A T
Honneur Hervé
merci
Respect
MAT

N T F
Hervé, mwen pa Kompran remak ou a, sa w vle di ... LOL

J G. F
Hervé, thanks for posting this material. I have long wondered about the true meaning of this "extinction". Since people of different cultures connect, develop relationships and procreate–especially under conditions of shared oppression--...I have wondered the extent to which the Arawak Indian heritage was transmitted, not only through our Haitian DNA, but also through our culture. Clearly, the Arawak Indian culture was systematically repressed in the context of a genocidal war. However, cultures don't die so easily. Hopefully, historians and cultural anthropologists can apply the best available methods to find evidence that addresses Chief Torres's thesis.

H F-L
@ Nancy – Je pensais que Mr DeGraff se referait au livre de Michel Wolf Trouillo : » Ti Dife Boule Sou l'Istwa d'Ayiti » ; c'est tout. ☺

N T F
Bisous pour toi Hervé !! ;-)

H F-L
Merci Nancy. ☺

M D

Merci Hervé! I have always looked for written documents on the Taino civilization. I was everlastingly fascinated by their history and their gentle and spiritual lifestyle. As a little girl I was a big fan of Anacaona our Queen or "Cacique", priest and poet (Samba).

I know there is a group in of Puerto Rican in Hollywood Florida, who claims their Taino heritage as well. They too have a Taino Queen. I do not know if they are linked in any way to the one in New Jersey. I'll find out. Again thank you for sharing this very interesting info, and the link and the name of the book by Rolf Trouillot.

Once upon a time, an Island in the Caribbean, a paradise for many, has been violated and disrupted in its course. Because of human greed, from Spaniard, French, English and American powers, its people have been an accomplice to its destruction.

I uploaded a silent video that reflects the beauty of Haiti. I hope you enjoy it.

http://www.youtube.com/watch?v=6h98sJYaMiI

E S B

Très belles images et surtout peu communes! Merci!

E S V

I enjoy every minute of it. I love the video. It helps a great deal. Some of the pictures really mean a lot to me. I thank you Hervé. I approve 100% of your work; even I don't take part in comments, but every one of us as a say or something to do in it, to find solutions for the improvement of Haiti.

G E D

Qu'es ce qui a poussé ses habitants à être complice de sa destruction ?

Mon Dieu, Nous venons d'un si beau coin de la terre !

C E D
Breathtaking pictures; Thx. Hervé

M C-E
Great work, Hervé! Hope you won't mind if I share it on HAITI Jadis.

J C J
Therapeutic touch! Thank you so much Hervé!

E G
Pour combien de temps
Mon pays restera-il encore vierge ?
Le jour où les violeurs
Inconscients
Avidement le défloreront
Il ne lui restera pas une goûte de sang frais
Haïti mon pays
Sois vieux jeu
Conserve ta virginité.

H F-L
Elle n'est plus vierge Eddy ; elle a été violée par ses propres fils en accord avec les occupants ! Il lui reste quelques protecteurs et défenseurs qui sont à l'abri de l'agression. Bientôt ils sortiront et, malheur à ceux qui ne cessent de dire : il faut oublier le passé ; à quoi cela sert, notre histoire ; « an met tèt ansanm », sans avoir aucune idée sur le quoi et le comment s'entendre. A ceux qui se disent autres choses avant d'être Haïtien, le jour de la vérité et imminent !

E G
Hervé, ta préoccupation, ta fierté, tes regrets sont pareils au miens. Mais la muse du poète a transcendé le présent et l'avenir. Si tout ce que tu nous montres dans le silence de la vidéo est d'aujourd'hui, le pays est alors vierge et l'espoir repose sur le *tèt ansam* que tu veux proposer. Je suis prêt à faire partie du noyau de départ.

N T W
Haïti, cette belle femme qui a été sauvagement agressé, portait à son cou un collier de perles. Les pierres en tombant rebondissaient, et le bruit retentissait. Effrayés, les enfants se sont réveillés, ils ont pleuré, ils ont appelé à l'aide. D'autres sont arrivés. A force de ramasser des fragments de pierres, les enfants épuisés se sont endormis ; toutes les pierres ont disparu, hélas ! La belle femme désœuvrée a finalement perdu pour de bon sa parure. Qui la lui rendra ?
Tiré de mon recueil de réflexions sur Haïti.

H F-L Elle a perdu « une parure » ; elle en a plusieurs ! En temps et lieu elles réapparaitront.

M C-El
@Hervé – Your faith is inspiring! Keep it up!

J M M
Keep the Faith Hervé! Haïti reverdira et refleurira !

G-E F
Hervé mon frère, à travers tes œuvres, tes recherches et tes compilations, tu fais rejaillir notre conscience patriotique endormie ou en veilleuse, tu nous fais appréhender l'essentiel de notre culture, de notre patrimoine commun. Je loue à haute voix l'importance de ton travail impayable.

J G Chery
@ Jacqueline - Si et seulement nous nous attelions à cette tâche !

S M
HAITI is beautiful, I like it!

K E J

It is refreshing to see there are people who truly love HAITI. So much of our focus is on our foes and those who hate us, that we often don't pay enough attention to our friends. Cheers to you, Mr. Fanini-Lemoine; beautiful article!

Je croyais que la classe intellectuelle aurait compris pour une fois, l'opportunité inouïe que la mère nature lui avait offerte pour réaliser de deux pierres un coup solide; à savoir: 1) le désastre provoqué par le tremblement de terre et, 2) la fin du mandat présidentie

Eddy Garnier

-10-

IMAGINAIRE INTELLECTUEL

Wyclef Jean de A à Z

C'est à coup sûr une belle science que tu possèdes là, s'il est vrai que tu la possèdes, car je ne te cacherai pas ma façon de penser. Je ne croyais pas, Protagoras, qu'on pût enseigner cette science ; mais puisque tu le dis, il faut bien que je te croie. [...] (Protagoras, 319 b et suivants).

[...] E- Mon intérêt ici se limite essentiellement à comprendre le lever de bouclier qui s'est hué sur la personne du chanteur de hip hop Wyclef Jean [...] expliquant son « incompétence » à briguer la présidence d'Haïti par son faible degré de scolarité [...]

I- [...] Hegel a déjà répondu : l'Afrique proprement dite, écrit-il, « n'est pas intéressant du point de vue de sa propre histoire, mais par le fait que nous voyons l'homme dans un état de barbarie et de sauvagerie qui l'empêche encore de faire partie intégrante de la civilisation »

J- [...] Comme nous le rappelle Walter D. Mignolo, professeur à l'Université de Duke, aux EUA, « la hiérarchie dépend de celui qui est en position de pouvoir décider le modèle et d'où l'on se situe par rapport à elle. » [...]

K- A partir de cette hiérarchisation du monde, les Européens se sont sentis investis de la mission de conquérir le monde et d'y introduire le colonialisme [...] Lander remarque à propos qu' « Avec le début du colonialisme en Amérique commence non seulement l'organisation coloniale du monde mais – en même temps – la constitution coloniale des savoirs, des langues, de la mémoire et de l'imaginaire ».

L- [...] Rappelons avec Christopher A. Bayly, professeur d'histoire et spécialiste de la colonisation à l'Université de Cambridge, que « les Européens devinrent rapidement les meilleurs dès lorsqu'il s'agissait de tuer » [...]

N- Le français n'étant pas un moyen de communication mais un signe de distinction en Haïti [...] Or, chez nous, on doit nécessairement parler français – de préférence comme une grammaire,

P- On ne peut pas laisser passer ce dernier point sur le créole. Ce n'est pas que Monsieur ne parle pas créole : c'est que son créole subit plus l'influence de l'anglais. C'est-à-dire, il ne parle pas le *créole dyòl pwenti* mal nommé créole francisé qui, en réalité, est du français créolisé. [...]

Franck Seguy

O L J
J'ai définitivement compris qu'Haïti soit le seul pays au monde à n'avoir qu'une classe sociale active. LE LUPEM. Et nous le regardons avec des yeux bourgeois.
HAITI EST LE LUPEM ET LE RESTE....., des vermines qui goutent à tout ce qui pue et sent mauvais : l'ARGENT

H F-L
oo Olga - M sezi!

A P Jr
Olga move tout bon RV...
Brillant Frank! Il ne m'est jamais venu à l'idée de remonter aussi loin pour comprendre l'attitude des scolarisés de notre pays. J'aime le concept du « Syndrome de Prince auto-dominé » qui semble sier à merveille nos générations de scolarisées qui se prennent pour des gens supérieurs et se servent de la langue française comme un instrument d'hégémonie culturelle et de domination lin-

guistique.
Brillant cher ami ; brillant !

H F-L
M pa kwè Olga move non Jr, Li eksprime santiman I.

M V-R
Je crois que l'extrapolation des langues soit VRAIMENT
EXTREME... la mesure est inexistante.

O L J
La bourgeoisie Haïtienne est composée de spéculateurs
et commerçants venus d'ailleurs. Leur unique stratégie
est de faire de l'argent. Ils n'ont même pas su faire de leur
area (le bord de mer) un area décent où il fait plaisir
d'aller faire des achats.

L'argent et le gouvernement des Duvalier leur a
permis de gravir les échelons mais au fait, ils ne sont pas
si différents des masses populaires.

Les éduqués des différentes souches de la classe
moyenne sont pris en sandwich entre les deux. Ils sont
devenus de beaux parleurs qui évoluent à travers ces
Bourgeois chez qui ils font les conversations et sont
payés par les gouvernements pour écrire leur discours. Ils
n'ont pas pu s'affirmer économiquement et sont jusqu'a
présent les vraies victimes.

Aujourd'hui on les trouve un peu partout éparpillés
à travers le monde. Les membres de la Classe Moyenne
Haïtienne ont fait partie de l'exode moderne.

E G
S'il faut que je fasse un commentaire, je redirai qu'Haïti
n'a pas besoin d'un président dans le moment présent.

Je croyais que la classe intellectuelle aurait
compris pour une fois, l'opportunité inouïe que la mère
nature lui avait offerte pour réaliser de deux pierres un
coup solide; à savoir: 1) le désastre provoqué par le
tremblement de terre et de 2) la fin du mandat prési-
dentiel.

L'élite intellectuelle devrait profiter de ce moment pour faire valoir que, n'étant pas prête pour l'exercice politique suite à l'effritement du système social par les séquelles coloniales et des occupations étrangères, Haïti devrait être en état d'urgence. Cette dite elite devrait se concentrer pour créer un comité central de gestion de crises sociale, politique, institutionnelle, organisationnelle et politique (formés d'experts) avec des programmes bien précis (routes, irrigation, ponts, électricité, reboisement, planification urbaine, règlements municipales, création de police ou d'armée communautaire pour aider à la mise en œuvre des programmes, un budgets, bonne allocation des fonds, un système de contrôle et d'ajustement, des sous-comités en région et des échéanciers. La refonte de la constitution avec l'aide d'experts en matière constitutionnelle. Une fois toutes ces infrastructures établies, on pourrait penser aux élections. Ceci s'appellerait VIVRE LE MOMENT PRÉSENT !

À continuer à parler de LUPEN, de bourgeoisie, de Socrate, d'Athènes, ne mènera pas vraiment très loin.

Le texte de Franckseguy est excellent, bien construit et rigide. Je suis parfaitement en accord avec lui, mais je crois que ce que nous avons besoin c'est de l'action concrète. Malgré ces théories, Athènes est devenue la capitale la plus polluée de l'Europe et ceci, malgré Socrate, Platon etc. Des gratte-ciels ont poussé partout en Grèce pendant que la campagne demeure au stade médiéval avec ses ânes et ses corridors. Ils ont amené leur passés avec eux en le vivant et en le transformant. Mais nous nous arrêtons sur notre passé en nous accusant sans savoir qui nous sommes, ni de qui nous venons. Quel grand malheur.

Le pire, c'est que je ne veux accuser personne. Personne n'a tort ni raison. Sauf moi qui devrais me taire. Mais c'est plus fort pour moi. Faites quelque chose en vous-mêmes. Le pays n'a pas besoin d'un président tout de suite. C'est du faux orgueil. Le blanc se fiche pas mal des incompétent ; il en rie à tue-tête.

Si un nouveau gouvernement est formé, la roue de l'incompétence va recommencer à accoucherr des chamailles en Chambre ; la Constitution dit ceci, la Constitution défend cela, voici ça, il faut voter, lutte d'influence, etc.

ANMWÉÉÉÉÉÉÉÉÉÉÉÉÉÉÉÉÉÉÉÉÉÉÉÉÉÉÉÉ
Bondye, venez à notre secours. Le pays n'a pa besoin d'un président tout de suite.

H F-L
Bravo Eddy, *Dlo koule lan dyol mwen!* Il y a toujours moyen d'ajouter quelques mots; si je le faisais, ce serait pour emprunter de ton réservoir et de celui de Frank. Encore une fois, *bèl rale* !

F B A
Selon les apparences, on dirait que Mr Préval serait en train de se préparer à nous « Poutiner », pour se maintenir au pouvoir.

H F-L
Rien d'étonnant Florence!

R S M
@ Florence et Hervé - Il faut rire. Nous sommes des imbéciles et Préval un super intelligent. Souvenez-vous-en. Duvalier le terrible avec ses Makouts, son Armée, sa police et ses partisans a connu tellement d'attentats.

Aristide l'intrépide a connu la foudre de la population, Cédras et autre puis les Américains. Il a eu peur pour sa vie quand même.

Pourtant Préval dans son laxisme avec son *bwéson* sans garde de sécurité il est là jouant ses flutes comme bon lui semble. Nous, on se plaint. Ce n'est pas croyable !

Mais quand on a le cancer dans un organe mortel, on procède tout de suite à l'ablation ; et nous avons tellement de médecin chirurgien qui ont faim !
Ala détraka !

F B A

On nous blâme de ne pas pouvoir sortir de notre trou, nous rappelant toujours que nous vivons dans le pays le plus pauvre du monde. Oui, mais comment remonter le courant si on tombe toujours victime de tous? L'argent que l'on reçoit pour les sans-abris va enrichir nos politiciens.

Jusqu'à quel point devrions-nous continuer à compter sur la communauté internationale pour nous protéger des nôtres?

P S

Rien dans la scène de la politique haïtienne est vraiment ce qu'il semble. En outre, *nou antann nou pi byen* dans des réseaux sociaux *ke nou vle ou byen eseye* FACE-A-FACE. Il est temps de développer une mentalité optimiste.

Soyons / devenons-nous proactif avec les décisions et les commentaires, non point réactive et négative ?

RS M

Compte sur toi-même et pas sur les autres. Tu n'es pas un mendiant dans l'âme. Ventre affamée n'a point d'honneur.

Tout bèt jennen MÒDE ! C'est la loi des conséquences naturelles. Mais nous les Haïtiens, nous sommes des surnaturels. Les chefs d'état violent les constitutions pour voler, violer, détruire et nous, nous nous entretuons à respecter cette même constitution que lui-même a altéré. Il n'y a jamais eu d'OPPOSITION sauf sur Duvalier. *Rélé sou kò nou* ; nous sommes des soussous! Des capons amorphes.

Rélé sou kò nou mézanmi. Tout tan n ap plenyen plenyen plenyen. Kòoooomanman !

@ Sanchez - D'accord - Quelle est ta proposition ?

P S

But I do agree with most of what has been said starting from A to Z, to RV et les autres. Remember, we truly are what we think. So let's kick it up a few notches. Devons-nous être les agents du changement en appliquant les vrais principes de changement. Laissez-nous accélérer et maintenir l'élan.

F B A

Ce n'est pas une plainte, mais simplement une échange d'idées. (Hervé, ca c'est pour toi !). Nous nous savons à une impasse, d'où il nous sera impossible de faire un recul. Je suis sure que ces derniers mois nous ont tous changés. Mais que ferons-nous pour qu'on aille de l'avant? Je connais pas mal de gens qui sont déjà la bas et qui font un effort à changer la mentalité du peuple. De différentes façons ; on devra tous y contribuer !

P S

Tout bèl propozisyon ki poste a, ou vle plus?

La force est en Dieu et dans la diaspora. Youn ki pa pè blan ak etranje, ki abitye ak peyi li, ki pap menase *les faux-intellects* ; ki gen eksperyans lan jesyion, ki pwal bay dyaspora dwa pou vote... *au plus tôt que possible* - avèk youn plan transparan byen detèmine - e pi, fòk li konn kouman pou li boule avèk ni colon yo, ni vwazin, kouzen, dominiken yo. Pou nou rele fòs Bwa Kay Iman yo, *une fois de plus*, pou fè yon aksyion de gras nasyional, *en appelant les plus grandes forces cosmiques*, pou mete yon nouvo komansman ; *then*, nap kapab aplike tout A-Z sa yo.

Pa pè blan, ni nwa, ni milat, ni siryien, ni ONG, ni l'egliz katolik, protestant, etc....

A V

HISTOIRE D'HAITI Chapitre I.1

Haïti est, après cuba, la plus grande des Antilles. Elle est parcourue par quatre chaînes de montagnes dirigées du nord-ouest au sud-est. Ses plaines, couvertes de planta-tions, sont arrosées par des cours d'eau nombreux et abondants. Ses ornes « aux sommets couronnés de nuages » portent sur leurs flancs des forêts, des champs de café, de maïs et de bananiers.

Haïti, à cause de ses richesses naturelles, de sa fertilité, de la douceur de son climat, de l'incomparable beauté de ses paysages, a mérité d'être appelée la « Perle des Antilles.»

Les premiers européens qui ont vu notre Haïti étaient des Espagnols, conduits par Christophe Colomb.
(Source Histoire d'Haïti, Docteur J.C. Dorsainvil)

G E D
Est-ce une invitation à revenir à la source Aulida? En tout cas merci de revenir à notre histoire. Je suis entièrement d'accord avec EDDY il n'y a rien à ajouter!

C B
Qui va prendre en main la création d'un comité d'urgence??

L B
J'ai lu avec attention le texte de Franck et je le félicite, car produire de nos jours s'avère une entreprise de plus en plus difficile. Cependant, s'il est vrai que les diplômés ne représentent en rien la compétence en ce qui à trait à la gestion politique, il n'en demeure pas moins que, le savoir lire et écrire de manière plus ou moins correcte soit nécessaire dans les échanges entre les peuples. C'est grâce à la scolarisation que tu es si éloquent dans ton analyse et tes arguments.

Tes références bibliographiques témoignent d'un niveau de recherche et de documentation que le principal intéressé lui-même n'a pas. Il ne peut ni lire, ni rien comprendre dans ce texte qui le défend pourtant si bien. Il est évident de remettre en question l'eurocentrisme, l'héritage colonial, mais nous pouvons aussi construire notre pays, comme nous le voulons, avec notre SAVOIR.

P G
C'est une société malade .Tout ce tapage qui vise plus à démolir le personnage. Je n'ai jusqu'ici relevé aucun commentaire sur cet animateur qui au carnaval aurait pu choquer un 'Gede' par ses refrains lubriques mais qui figure parmi les candidats agréés. Je crois que Frank a tout dit dans son analyse.
Le grand voilier vogue toujours (à interpréter).

R S M
@ Céline - Compliment ! C'est l'idée et la phrase les plus sensées de l'avenir d'Haïti : Qui va prendre en main la création d'un comité d'urgence ??

C B
Je voudrais donc que l'on arrête de paraphraser et qu'on se mette au boulot. C'est dans l'action que les choses changent.

H F-L
Un Comité, Céline – « Face à Face » à Bill Clinton et ses « restes avec » ; On te nomme directrice ! lol

C B
Je crois que je dois être idéaliste mais j'ai la vision d'haïtiens qui à tour de rôle se remplacent pour s'entraider, déblayer, s'encourager, etc. Plus de cette pensée magique, qu'un gouvernement puisse le faire à leur place ! La notion de gouvernement est abstraite ; il faut des gestes concrets. Le comité, c'est Eddy qui en parlait hier....

O L J
N'avez vous pas tous compris que Haïti n'est plus aux Haïtiens, pas de comité, pas de beaux discours. Il faudra de très sérieuses négociations, quelque chose comme l'Irak pour nous sortir de cette M....

P G

Je l'ai dit : « Le grand voilier vogue toujours. » Il n'y a qu'à repasser l'histoire du nouveau monde.

Vous n'êtes pas idéaliste ! Je crois comme vous que notre salut est dans l'action, ce qui n'exclut que l'on doive s'identifier et se regarder en face et identifier son mal.

Il s'agit de s'y mettre et de chercher. Il ou Elle doit exister quelque part. D'ailleurs, je mise beaucoup sur nos sœurs.

« Face à Bill Clinton », mon cher Hervé, voir les choses de cette façon c'est s'avouer perdant d'avance. N'ayons pas peur ; il faut trouver une réponse au défi qui nous est posé.

C B

Bill Clinton est là parce que le peuple haïtien dort.... Que pourrait-il faire s'il se retrouverait devant une masse d'haïtiens qui décident de prendre le Taureau par les cornes et de ne plus le laisser faire !

« Le courage est cette qualité supérieure qui nous permet de faire face à un cœur égal aux multiples désagréments de la vie. Aller de l'avant et ne jamais reculer devant les difficultés, voilà le courage véritable. » SANGARE OUMAR.

Le courage ne se définit pas comme une absence de peur mais, de préférence, quand l'on continue à agir en dépit de sa peur. Le héros a peur mais il agit quand même. PARADOXE: Plus nous agissons en dépit de la peur, plus la peur diminue et plus nous laissons la peur nous paralyser, plus elle a d'emprise sur nous.

M C

@ Eddy - Vous parlez d'or, Mr. Vous avez évalué la situation et apporté une solution tangible à un problème magistral en quatre paragraphes aisément compris.

J'admire votre sincérité et l'attention que vous avez prise à ne pas confondre le lecteur dans un labyrinthe de dilatoire inutile. Merci pour un exposé à la fois simple et brillant.

P G
Vous avez tout dit Céline. Le sort de notre nation est entre nos mains. A nous de nous ceindre les reins et y faire face, si fort que puisse être l'adversaire. Une ancienne combattante Vietnamienne eut à dire dans une interview qu' « *à aucun moment ils n'avaient pensé qu'ils étaient supposés perdre la guerre et ils ne l'ont pas perdue.* »

E G
Merci Maryse et à Céline de me démarginaliser.

C B
Pour moi être marginal est un signe de bonne santé mentale. Etre marginal est une prise de position (action) suite à une réflexion sérieuse

C G
J'avais promis de dire ce que je pense de la candidature de Wyclef à la présidence d'Haïti après la décision du CEP. Bien, je pense que cet article « Imaginaire intellectuel et Election en Haiti » résume pour moi mes sentiments et opinions vis à vis la candidature apparemment éphémère du chanteur.

Wyclef aurait-il été un Lula du Brésil, un Lech Walesa de la Polande qui n'ont jamais été des « diplômés » d'aucune université et qui pourtant ont servi ou servent leurs pays avec professionnalisme et science ? On ne le saura peut-être pas.

De plus, sachez, « intellos », que le Brésil est en passe de devenir sous Lula l'une des puissances mondiales. D'ailleurs c'est ce même Lula du Brésil - l'homme sans diplôme universitaire- qui vous tient sous la corde en Haïti en ce moment même à travers la MINUSTAH. Wyclef aurait-il été un « deuxième Aristide »? Peut-être oui, peut-être non ! Mais je pense qu'un homme dont les avoirs sont estimés à 18 million de dollars n'est pas stupide, un type qui me rappelle Bill Gates qui lui aussi avait laissé derrière lui les bancs universitaires pour devenir multimilliardaire. Et le monde est plein d'exemples de ce genre. En attendant, grâce à nos « intellos », Haïti marche à grand pas vers les abysses, une marche rétrograde qui a commencé depuis 200 ans en dépit du fait que nous avions eu ces « INTELLOS » tenant les rênes du pouvoir.

Suis-Je un wycleftist ? Non, j'essaie de voir le côté pratique des choses, car l'une de mes règles est de ne pas voir les choses en blanc ou en noir !

E G
Ce que je reproche à Carl c'est qu'avec tous ses pouvoirs et moyens de communication, il refuse encore de publier au grand public cette opinion qui peut ouvrir bien des yeux.

Merci Céline, j'apprécie votre marginalité en vous démarginalisant.

C B
Je ne fais que dire ce que je crois au plus profond de moi-même. Je n'ai pas eu vent des habitants des Cayes, de Montrouis, de St-Marc, de Gros-Morne, etc. qui se sont mobilisés et venus aider leur compatriotes victimes du tremblement de terre, ne serait-ce qu'une journée un mois, deux mois, trois mois plus tard. Ils sont trop occupés à travailler ? Les bourgeois qui ont plus de moyens de transport pourraient s'en servir les fins de semaine pour voyager les haïtiens qui veulent aider.

Le pays est en situation d'urgence et on attend l'International, un futur gouvernement ; on attend le Messie...Un canal débouché pour empêcher l'eau de déborder, deux rues de nettoyées, etc., serait déjà ça de fait et dans ce coin-là les habitants auraient déjà de meilleurs conditions de vie.

M C-E

A mon humble avis, on est en train de s'écarter de plus en plus du vrai problème haïtien. La transformation que nous voulons opérer demeure dans notre mentalité. La cause de la faillite de nos dirigeants n'est pas en fonction de leur capacité intellectuelle mais plutôt de cet égocentrisme typique qui leur fait oublier leur rôle de SERVITEURS de la nation sitôt arrivés au timon du pouvoir. Ces gouvernants soudainement s'arrogent des droits impériaux. Ils sont maîtres et seigneurs du terroir; fonts à leur guise sans considération de la population; disposent du patrimoine national sans égard de la contitution; le bien-être du peuple qu'ils brandissaient comme un étendard de gloire durant leur candidature est simplement foulé au pied; et la liste des incartades et abus n'en finit pas. L'enfer étant pavé de bonnes intentions, il incombe aux candidats présidentiels de prouver leur bonne foi par la somme de leur contributions au développement du pays à quelque niveau que ce soit à travers le temps et l'espace.

Haïti, en tant que pays, et la majorité de la population ont assez souffert de la légèreté des électeurs en choisissant leur « *moun pa* » ou ceux qui semblent les plus malléables à leurs intérêts personnels. L'écho de ces « *laissez grennen* » se répète trop souvent à travers notre histoire. AUTANT!!!

E G

Amen, Maryse, Amen!

H F –L

@ Maryse - Amon Ra ! N'était-ce la politique du « Laisser Faire » du président Alexandre Sabès Pétion?

P G

N'y comptez pas ! Nous n'avons jamais eu ce sentiment d'appartenance. Ce changement de mentalité prendra plusieurs générations.

C B

Bien d'accord avec toi mais une fois cela dit, il faut commencer quelque part. Il faut reconstruire Port-au-Prince. En agissant différemment, l'on pense différemment et le changement de mentalité s'opère. Ce sentiment d'appartenance vous dites que vous ne l'avez pas. Comment se développe un sentiment d'apparte-nance? En s'impliquant soi-même, en mettant la main à la pâte, en s'entraidant, etc. Vous ne le faites pas, les vautours dansent !!!!!!!!!!

P G

Bien entendu je généralisais mais je connais des hommes et surtout des femmes qui ont ce sentiment d'apparte-nance et qui agissent. Toute une éducation est à faire et tu as parfaitement raison elle se fera par l'exemple. Agissons alors ; les vautours iront planer ailleurs.
Honneur à toi

AN MET TÈT NOU ANSANM

Fok nou sonje ke esklav yo pa te viv lontan. Sa ki fè blan yo te toujou oblije enpòte esklav et yo te soti nan plisyiè rejion lan Lafrik ; ki ba ou plis divisyon toujou. Se sa ki fè ke mwen panse ke si Tousen Louvèti te rete vivan, nou patap janm pran endependans nou. Se youn bras de fer tankou Desalinn ki teka regle koze sila.

Alix Saintil

-11-

AN MET TÈT NOU ANSANM

Mwen toujou tande frè m ak sè m Ayisyen ap pale de met tèt ansanm pou nou ka regle pwoblèm lan peyi d Ayiti. Sa, se bèl pawòl. E m pa vle dekouraje okenn moun ki kwè lan koze sa a. Jis pou m ka ede sak vle konpran, ki sa sa vle di, mwen gen de twa mo ke m ta renmen di la dan tou.

Fè kòm si ou pwal louvri youn biznis epi wap chèche de twa moun ki pou envesti lan biznis la. Mwen kwè ke premyie kesyon ke wap mande w se ki kalite biznis ou pwal fè. Kidonk, ou pwal di moun yo ke se tèl ak tèl biznis ke wou vle fè. Si se youn biznis ki enterese moun sa yo, Koulye a yo pwal mande kondisyion. Men si se pa youn biznis ki enterese moun yo, yap di w ke yo pap envestí. Sa vle di ke pou moun sa yo, met tèt yo ansanm pou yo ka envestí lan bizniz lan se pou yo wè youn enterè ansanm, kidonk yo met tèt yo ansanm paske yo tout gen youn visyion kolektif.

Lan sosyete peyi d Ayiti, koze de tèt ansanm lan se youn rèv ki ekziste sèlman lan pawòl. Imajine w konbyen divisyon ki gen lan peyi a. Se pou w ta kòmanse regle chak divisyon sa yo grenn pa grenn. An pran kèk ekzanp ki fasil pou konpran :

Gen

1- Divizyon moun anwo ak moun aba
2- Divizyon moun lavil ak moun an deyò
3- Divizyon moun klè ak moun nwa
4- Divizyon entelektyèl ak moun sòt
5- Divizyon moun ki konn li ak ekri ak moun pa konn ni li ni ekri
6- Divizyon moun rich ak moun pòv
7- Divizyon moun ki wougan ak sak bòkò

AN MET TÈT NOU ANSANM

8- Divizyon moun ki asogwe ak sak ginen
9- Divizyon moun andeyò ak moun lan mònn (ou pat konn sa a non, pa vre)
10- Divizyon moun Pétion vil ak moun lavil
11- Divizyon moun ki gen envete dyiezèl ak moun ki gen envetè gazolinn (ni sa a tou non, pa vre)

M kwè ke majorite moun ki ka li sa a konnen de ki sa ke map pale la a. Sa se tokèt la. Men chay la :

Mwen pa di de divizyon politik paske divizyon sa a se youn divisyon ki gen remèd pou li ($).Mwen pa di de divizyon lekòl prive ak lekòl leta paske moun ki al lan lekòl leta yo gen tandans pou yo vinn polotisyen osnon entelektyèl, kidonk yo garanti youn job lan leta kote ke pita, yo menm tou ka gradye pou vinn youn lan moun kap matirize frè ak sè yo.

Pou m fi koze sa paske m pa vle ap ekri twòp, chay la se DIVIZYION LAN LEGLIZ. Imagine w youn epòk ke moun ki gen mwens ke 40 lane ka pa sonje, kote sete l egliz katolik kite fè ak defè la pouvwa peyi d Ayiti. Poutan Ayiti se pa youn leta relijye se youn repiblik endepandan ki te pran libète li san pouvwa l egliz blan sa yo. Pou m raple w l istwa peyi a (1804-1860), pandan plis ke swasant lane pat gen koze de l egliz ki tap foure dyòl li lan koze leta. Si w sonje byen, le Vatican pat rekonèt peyi d Ayiti kòm peyi paske yo te konsidere nèg d Afrik tankou bèt sovaj; moun ki san nanm.

Pa gen lontan, youn 50 lane konsa, kote l egliz pwotestan kòmanse ap pran pyie sou teren an. Se youn divizyon ki vinn parèt ak tout fòs sou do Ayisyen. Premyie l egliz pwotestan yo te òganize. L egliz advantis, l egliz metodis ak l egliz batis te gen youn administrasyon ki te sou kontwòl. Pastè l egliz sa yo te sou kontwòl youn chef, kidonk te gen you estrikti ki te tabli, epi, lajan te sou kontwòl youn ti gwoup tou zwitt. Lò sa a te gen divizyon lan mitan gwo l egliz sa yo sèlman.

Te gen ladan yo ki te plis I egliz boujwa, tankou I egliz metodis e, lòt tankou I egliz advantis te plis I egliz pèp. L egliz katolik te melanje, men yo te kreye youn divizyon sosyal lan lè ke yo chante la mès. La mès ki te fèt a 3 è e a 4 è di maten sete la mès pou bònn ak geran lakou paske a 6 di maten fòk yo te gentan retounen pou yal prepare manje pou mèt ak metrès yo.

Lan dènye tan ke nap vi la a, meriken vinn antre ak tout fòs lan koze ya. Men I egliz sa yo se I egliz endepandan kote chak moun gen dwa bay tèt li youn tit pastè epi li louvri I egliz pal san okenn kontwòl ni okenn lòt moun pou di I ki sa I ka fè ak kisa I pa dwe fè. Kidonk li kreye ti biznis pal. Alòs, se lan moman sa a ke vinn gen plis divisyon kote ke wap wè lan televizyon pastè blan ke fè Ayisyen fe konfesyon sou do vodou pou de plat manje.

Sa ke mwen tande ke plizyè konpatryòt di lan plizyè emisyon radio ke mwen te fè lan Miami se lè m te mande yo eske yo se Ayisyen ki kretyen ou byen eske yo se kretyen ki Ayisyen. Mwen te trè etone pou m te wè la moman sa a ki pwofondè ke divizyon an te ye lan sosyete peyi m nan ke mwen fè youn gwo pati lan vi m ap cheche konpran ki sa ki fè ke nou jan nou ye a. Repons lan te klè kou dlo kokoye : Ayisyen ki kretyen yo, kretyen avan ke yo Ayisyen epi avèk anpil awogans si lot Ayisyen parèy li ta di ke yo pa kwè lan relijyon sa a.

E byen frè m ak sè mwen, pwoblèm divizyon lan mitan sosyete Ayisyen an pi fond ke w te ka janm imajine w. Se pa youn pwoblèm ki pwal rezoud konsa. Se youn pwoblèm ke ni wou mwen ki pale de met tèt ansanm nan, ni mwen menm ki kwè ke pwoblèm lan soti lan sistèm lekòl peyi d Ayiti ki ka rezoud li. Mwen pa di ke li pa ka rezoud men, sa pap youn bagay fasil.

Youn sèl ti grenn sèl ke m ta ka mete ankò sè ke si se pa youn gouvènman solid ki konpran ki jan ke peyi sa te pran endepandans li, ki gen respè pou zansèt ki te fè gwo sakrifis sa a pou kite ti teritwa sa pou nou, e byen se tan w ak tan pam kap gaspiye. Si pa gen youn refòmasyion lan sistèm edikasyion peyi d Ayiti kote ke se Ayisyen ki konn ki sa ke peyi d Ayiti reprezante sou la Tè, monchè, machè, se blan ke n te bay panzou yo ka vinn reklame dwa l sou peyi sa a ankò.

Nou la, men se pa nou ki te chwazi pou n te la. Si nou la se paske se nou ki pou te la. Sak pa vle peyi a avance yo, ya gen kont pou yo bay. Mwen ta pi pito ke se koulye a ke yo regle kont sa yo.

H. Fanini-Lemoine

L S
Istwa nou mele!

A S
Bravo Hervé. Ou pa pase pa 4 chimen; ou atake pwoblèm nan ak tout franchiz. Pwoblèm sila 'a soti depi nan lenfans peyi a. Ou te ka remake ke avan l endepandans te gen divizyon: ou te genyen esklav ak nèg mawon e menm nan nèg mawon yo te genyen kèk nèg ki pa te janm esklav e te genyen nèg mawon ke se sove yo te sove.

Avan l endepandans, te genyen youn lòt divisyon nan lang ke esklav yo te pale. Fòk nou sonje ke esklav yo pa te viv lontan. Sa ki fè blan yo te toujou oblije enpòte esklav et yo te soti nan plizyiè rejion lan L Afrik ; ki ba ou plis divisyon toujou. Se sa ki fè ke mwen panse ke si Tousen Louvèti te rete vivan, nou patap janm pran endepandans nou. Se youn *bras de fer* tankou Desalinn ki teka regle koze sila.

L inyion fè la fòs la te youn aranjman pwoviswa ke afranchi milat yo te oblije fè ak esklav yo paske afranchi yo pate gen sifizaman moun ki te pou pèmèt yo pran pouvwa a nan men blan yo ; e apre sa kenbe nwa yo nan l esklav, ki te dènye, plan yo. E se menm divizyon sila ki te kòz lanmò Desalin.

Hervé, ou di youn bagay ke mwen viv : mwen te nan l egliz metodis ki te genyen nan tèt li pastè Rocourt. Avan parenn m yo te pati, yo te konn mennen mwen nan mès 10 è di maten boujwa yo. Men youn nan bònn lakay la te konnen mennen mwen na kilt aswè yo tou le dimanch. Ki fè ke mwen te toujou genyen kontak ak pèp la. Mwen trè rekonesan pou sa paske se fòmasyon mwen ke yo ta pe fè e sitou, se la ke mwen pran konviksyon mwen. Ou expose pwoblèm kòm se dwa e mwen wè ke ou bwose sou solisyon an tou. Ma pe ba ou jarèt paske mwen panse ke sèl solisyon peyi d'Ayiti se youn revolisyon total. Se depi sou Desalinn ke lawon gòch yo ape maspinen mas pèp la. Yo toujou mete ansanm, kòm yap fè Jodi a, ak enmi tradisyonèl yo pou yo dodomeya sou do pèp la. Men pèp la genyen kèk jou lape soufri men, mwen santi ke delivrans li pi pwòch ke lenmi'an pense. Jou sa, tout divisyon va kaba.

M C-E
Hervé, mwen dakò ak tout sa w di yo. Divizyon se yon gwo pwoblèm an Ayiti. Sepandan, se pa sa ki pou ta anpeche peyi a vanse, paske divizyon fè pati de tout sosyete. Vre pwoblèm nan sè ke nou refize wè peyi an avan nou wè tèt nou. Jou na realize ke se sèl jan nap ka vanse, menn jan Desalinn ak Petyon te wè l tou, lè sa Ayiti va tounen la « Perle des Antilles » ankò.

A PJr
Tout pwoblèm sa yo tankou-w di-l Fanini se bonjan gevren edikasyon ak bon konesans istwa peyi-n ki kapab adrese yo. Se pou sa lè mwen tande moun ap pale de rezoud pwoblèm peyi Dayiti avèk yon « mési » sa fèri anpil.

Jenerasyon pan lan pap wè peyi Dayiti sa-a paske lap pran pou piti senkant lané travay di, di, di ak konkou bonjan pwogram ke gouvènman serye, ki gen bonjan misyon poul sèvi peyi-l, pou nou demakonnen tout ne et louvri je moun sou empòtans yon vizyon kolektif pou yon nasyon ka ekziste epi devlope pou byennèt tout moun. Mèsi pou ti rale sa-a ke mwen apresye anpil.

M C-E

Alix, tout tan gen sosyete, divizyon pap janm kaba. Divizyon se yon fenomèn natirèl ki souliye varyete orijin nou, fason nou viv, edikasyon nou, etc. Nou pa ka soti ladann. Si tout moun te ka apran aksepte sa yo ye et wè valè yo san pèmèt lot moun kraze yo, lè sa petèt nou ta chanje mo « divizyon » an pou yon lot pi bèl. Menm jan yon sèl dwèt pa manje kalalou, ou te mèt gen 10 mil pous, san lòt dwèt yo wap toujou gen pwoblèm pou manje kalalou sa-a. Fòn pa blye ke chak dwèt gen job yo e chak job yo gen enpotans pa yo.

C S

Men lè tout dwèt yo mete ansanm pou yo fè yon grenn, yo kab kenbe pikwa pou plante, pou seme, pou konstwi! Se paske nou pa genyen idantite komen kòm Ayisyen! Gran moun nou, Morrisseau Leroy, te di konsa Ayiti pap janm anyen toutotan lè yo mande nou ki nou pou nou chak reponn « Mwen se Ayiti non mwen se Claudine »! Se pou Ayiti vini anvan endividyalis nou! Paske ak yon nasyon ki fò, endividyalis nou pi rich!

A S

Claudine, mwen toujou apresye intèvensyion ou yo mem si yo pas souvan jan mwen ta renmen an.

Maryse ak claudine, mwen dakò ke nan tout sosyete genyen divisyon, men, fòk nou aksepte ke pou divisyon sila pa entrave pwogrè, nan sosyete an fok genyen kad striktirèl byen etabli. Kote diferans sa pa ta va tounen en koboy ki ezaktemen kondisyon an nan peyi d'Ayiti.

Alos, ki sa pou nou fè? Mwen panse ke pou youn pèp devlope nan demokrasi, fòk li genyen youn baz minimum ki pa eksite en Ayiti. Se sa ki fè ke mwen kwè ke se sèl youn revolisyon ki pou bay striki ke nou bezwen an, e apre sa na ka chwazi ki systèm ki pi aplikab nan sosyete nou an.

Travay ki pou fèt la pa ka fèt ak eleksyon se tankou youn sezaryen pou li fèt.

A S

@ Claudine - Entevensyon ou yo pa ase souvan ke jan mwen ta renmen an...

M J

Majorite a lan detrès li, lanpa bon, lan dezespwa li, li kwè ke yon Mesi ka vini retire'l lan sa le ye a. Se kòm si chak fwa yo di mo eleksyon an li pran reve je klè ke yon bagay pral chanje

Mo demokrasi a pou li se dwa pou li chwazi yon moun ke ou fèt pou aksepte, pa kritikel, femen bouch ou osnon la fè ou jan avèk ou. Jan Lemoine di li a, nou komanse divise andedan lakay nou lan fanmi nou epi divisyon an continye deyò. Kisa ki ka fèt? Eske se pata youn pale ki pou fèt andedan chak group, chak fanmi, chak lankou sou sa nou vle fè ansanm nan avan ke youn pi gwo rasanbleman fèt. Mwen pè mo sesaryenn lan paske li fose pitit la soti ; pafwa ni manman an ni pitit la mouri !!!!!

D B. C

Fanini, nou mele !

C P-L

Depi lontan nap fè dialectic, epi, epi anyin !!! Sispan'n pale anpil, pale mete la. Sispan chita nan telefone, sispan chita nan jounal, sispan chita nan salon ap plede pale, pale, epi..., epi, anyyyyyen. Men'm mwen, mwen bouke plenyen, mwen bouke pale, bouch mwen fèm mal. Problèm payi d Ayiti, se trwòp bwi bouch kap babyie, twòp pale anpil epi pesòn pap fè anyen. Mwen telman tande bouch kap pale nan zorèy mwen, zorèy mwen fèm mal.

Ki lès kap decide pou ale nan peyi d'Ayiti pou ede zòt yo pote youn chanjman, en tou kas cs pas mwen; se sak fè pale'm pap regle anyen ! (mwen kwè ke genyen zòt ki sou terren e a l etranje ki ka fè travay la byen).

Lè on etranje ap pose'm kestyion sou peyi d'Ayiti ou byen chèche wè, ou konpran'n pou ki sa peyi sa a konsa. Mwen wont, mwen wont pou'm explike. Mwen pa konnen ki kote pou mwen komanse! Le map gade CNN pou mwen wè kijan yap denigre peyi nou, mwen wonte, kè mwen tris, se pou sa mwen ta espere ke Novenm pote on ti delivrans pou pèp la. Yoyn moun'n ki gen yon visyion et yon plan pou peyi sa a, pas yon « Preyidan » men on « Président », on gason ou yon fan'm solide sou tout pwen !!.

Ekizse'm si mwen deblateye konsa, se paske mwen se youn sitoyien ki pa jan'm renmen bla bla bla, sitou sou zafè politic. Mwen toujou kite politik pou politisyen, pou moun'n ki pi konnen pase'm. Men konvèsasyon sa a te interese'm anpil, e eleksyion sa a enterese'm anpil tou.

"It's now or never"; pou mwen. This conversation also hit a special spot in my bleeding heart for my country. Thank you Hervé for bringing this subject up, and thanks to all the very interesting and informative comments!! I always enjoy learning from people who know more than I. Amen

N S
Se sa nèt Mr Lemoine; malerezman ayisyien mete tout divizyion sa yo avan Ayiti se sa ki fè bagay yo melanje plis konsa a. Alos ke tankou tout lòt peyi ki genyen tou men yo genyen yon gran respè pou peyi yo. Peyi a dabè enterè peyi a pase avan

Ayisyen frèm yo ap di Ayiti cheri mwen renmen ou maten midi aswè, men tout bagay vinn avan. Ayiti vin apre tankou divizyon tout kalite : enterè pèsonèl, religion ak lajan ; espesyalman lajan.

Pou mwen fini map di ou mwen dakò avèk ou. Depi Miami mwen te konn tande w nan emisyion ou yo. E map felisite w pou Kreyol ekri ou, li an demon papa; mesi.

J J

Nan pale anpil nan tradwi filozofi gwo liv ki pa adapte a peyi d Ayiti, yo manke pran ak Wyclef. Se tap pi gwo leson pou nèg kap fè politik depi dikdantan andedan peyi a.
Mwen menm tou, mwen bouke ak bann pawèl anpil sa yo tou.

M D

Mwen renmen jan wou mete sèl lan !

D B. C

Avan angnen yap lage gwo fwaz fwanse, se nan teori yo pi fò

M C-E

Fòk nou pa bliye YO se NOU tou. Fòk NOU TOUT fè « mea culpa » e pran responsablite pa nou tou. Se pa akize lòt kòm si nou pa gen anyen pou'n wè nan sa. Nou tout koupab !!! Si chak moun reyalize fòt yo e fè you ti jèfo pou chanje, imajine ki jan sa ta ye...

A P Jr

@Jonas - Devlopman peyi pa janm fèt san pale anpil non. Ou bezwen konesans pou ka devlope. Developnman mande sakrifis, travay anpil, mete men pou fè bagay yo fèt. Paske nap viv nan yon payi kote nou wè geyen tout bagay pa vle di ke bagay sa yo ou ka mete yo nan peyi pa-w nan yon ti bout tan. Pou-w rive nan nivo kon-syantizasyon sa-a, fòk tout moun konnen li ak ekri. Ou pa kapab fè devlopman yon pèp si li pa kon li ak ekri. Fòk jenerasyon ant 18 ak 25 lane-a konn li ak ekri na lang manman-l. Lè moun konn li ak ekri, ou kapab chache enfòmasyon ke-w bezwen. Lè moun kon li ak ekri, chans pou li koute yon moun kap di-l al fè yon move bagay (tankou touye moun pou pouvwa) diminye anpil. Lè tout moun konn li ak ekri chans pou yo vinn yon bon antreprenè ogmante. Pa genyen okenn giyon sou peyi Dayiti. Vakabon politisyen makonnen tèt yo ak boujwa opòtinis pou yo kembe majorite moun inyorans epi pou lajan pa fè chemen kote tout moun ka jwenn.

N S
Analfabetization se youn nan paramèt ke system nan jwe anpil pou kenbe mas pèp la nan esclavaj systematik modèn sa a. Si yo konnen li avek ekri lap trò difisil pou explwate yo, vwa si yo ta fè gwo etid. Le sa a yo oblije achete yo pou pi gwo kob se tout. Se nan pale anpil nan chanje l ide pou nou jwen youn rezilta. Se nan pale anpil tout peyi qui devlope vin pi devlope. Lè tout moun konnen tout bagay « de je kontre manti kaba » solusyion an ap vini kanmenm.

J J
@ Alphonse - Mwen pa klouwe pawòl sou la kwa non. Se pa di-m m di pinga pale. Gen youn seri de pawò ke map tande depi-m tou piti, se yo ke map kontinye tande toujou.

Genyen you seri de pawol, yo sonnen nan zorèy mwen tankou « Jésus revient bientôt ». Pawòl sa a moun ki kwè ak moun ki gen lafwa aksepte-l. San-l pa poze kesyon pouki sa granpapa, papa, papal te konn ap di menm bagay la. Sa a se youn lòt sijè.

Ayiti se peyi kote yo oganize kòlòk. Ayiti se sijè ki gen plis brase lide. Sitou jounen jodi-a ak zafè entènèt. Depi lakay ou devan lodinatè, tout moun se analis politik. Men dan pratik la pa gen anyen ki fèt.

Mwen tande pawòl fowòm. Mwen tande listwa oganizasyon (friend of Haiti 2010!!!), men yo tout pase tankou van. Lè diskou dyol dous dlololo pa akonaye de zak ke moun ka wè e yo ka santi, moun ki lotè pawòl dlololo yo vin pèdi konfians moun ki te konn chita tande yo. Fòk gen aksyon, aksyon mande sakrifis !

J C J
Thanx Hervé!

A P Jr

@ Jonas - Nap pale menm koze-a. Rezon ki fè moun dekouraje nan aksyon yo se paske yo pa jwenn sipò yon sistèm ki la pou asiste yo. Sa-m vle di la-a, gouvènman konsekan nan devlopman yon peyi gen yon katafal empòtans. Lè-w genyen gouvènman serye, kap mete bon prensip gerans ak administrasyon an aplikasyon, fenomèn koripsyon ak lagebòday vin difisil pou yo siviv.

Se vre genyen ampil braselide ki fèt nan kolòk ak seminè nan peyi Dayiti. Men tout bagay sa yo fèt paske chèf la, gouvènman-an vle yo fèt pou kembe enterè antouraj li ak gwo lajan kap depanse nan pwojè sa yo. Ampil moun ki emplike nan pwojè sa yo, konn pa kompran ni tèt ak pie sakapfèt la. Men yo la, yo paka pala paske fòk kòb la fèt. Epi, yo genyen relasyon yo kap pwoteje estati pakapala-a.

Sitiyasyon jounen jodi, pa menm ak 30 ak 50 lane desa. Lap difisil pou gen aksyon radikal nan yon sistèm kowonpi tankou panou-an. Prèske tout aktè politk ven dènye lane ki sot pase la yo, se de popilis ke yo yé. Yonn nan pi gwo pwoblèm ak sistèm popilis lakay se ke moun yo pa konn li ak ekri (ou wè-m tounen ak koze sa-a ankò). Nan peyi devlope yo, popilis bay fachis, lakay li bay anachi, dezòd. Gouvènman popilis lakay, kòmanse sou Lavalas fini sou Inite pap janm kapab fè anyen dirab paske yo la pou yo fè moun ki mete yo a plezi. Mwen kwè ke istwa 30 dènye lane sa yo montre byen sa-m sot di la. Lap pran anpil tan pou nou ka soti nan sèk visye sa-a. Tan pou nou edike tout yon jenerasyon kouman ou li epi konpranm gwo liv. Lè sa-a jenerasyon sa-a ap kapab chwazi moun konsekan pou dirije-l.

N S

Mwen dakò avec ou men mwen genyen youn pwoblèm avek mo « Popilis » sa a. Ki diferans ki genyen avèk youn lide popilis e youn lide popilè ? Paske semen pase ya map tende kelke moun Ayisyen di ke prezidan Obama genyen youn diskou Popilis. Obama se popilis sa raplem ampil bagay ki te pase nan peyi m.

A PJr

Mesi Nicolas pou kesyon an. Map eseye dekri de mo sa yo pou wou. Si genyen lòt moun ki ka ajoute sou sam di-a, pa ezite.

Popilè: Se yon mo ki di ou genyen konsekasyon pèp wap dirije-a. An 1990 prezidan Aristide se te yon prezidan popilè. Yon majorite mete-l sou pouvwa (67%). Yon lidè ousnon yon gouvènman ka pran yon desizyon ampil moun renmen se yon desizyon popilè. Tankou anpil fwa lap gen poul pran de desizyon ki pa popilè (se ka prezidan obama sèjousi)

Popilis : Youn gouvènman popilè vin popilis (populiste) lè li inyore processus desizyon politik nan jesyon zafè leta. Yon lidè popilis ap favorize desizyon ki repon a yon lojik popilè, epi souvan se pou benefis yon ti gwoup moun. Gouvènman ou byen lidè sa yo repwoche lelit ousnon boujwa yo tout kalite bagay lan non pèp-la. Men yo menm yap aji pou yon ti gwoup moun. Pou yo kapab dirije yap kaba tout sak devan yo (depite, senatè) epi tout enstitisyon yo ki pèmèt demokrasi travay. Konsa yap genyen men lib pou yo fè e defè... Ou pa wè sa-a samble lakay ampil

Gouvènman popilis dè fwa fè tranzisyon de yon dictati feròs a yon sosyete predemokratik. Men sosyete sa yo generalman se de sosyete kote tout moun kon li ak ekri nan lang manman yo. Nan ka pann transition sa-a kapab long anpil.

PS:

Mwen pa kwè prezidan obama gen yon diskou popilis. Mesye repibliken isit jwe ak mo ampil. Fè atansyon, pran sa yo di ak yon grenn sèl. Se mesye ak medam yo ki pale de liv yo pa li.

FACEBOOK DIALOGUES & CONVERSATIONS (I)

Nous pouvons encore nous attendre à des Aristide et des Préval tant que nous ne mettons pas de côté les séquelles des OCCUPATIONS et surtout de la colonisation (que nous ne cessons de regretter).
Reflet S. Magazine

-12-

LA REVANCHE DES EXCLUS

La perspective de voir arriver au pouvoir en Haïti Wyclef Jean avec son « street English », son créole approximatif, et son français inexistant, affole nos Intellectuels et surtout nos leaders politiques qui sentent court-circuités, et même plutôt baisés par un « resquilleur » qui est entré dans l'arène politique en sautant la barrière des conventions établies. Et tout le « Système » se met debout comme un seul homme pour tenter de l'exclure. Pourtant si on vote demain matin, il est probable que Wyclef Jean sera élu président.

Beaucoup se révoltent et pleurnichent de constater que nous pourrons bien avoir un Wyclef Jean à la tête du pays demain. Mais qui se révolte et pleurniche ? La petite, toute petite minorité d'Intellectuels qui parlent bien français, qui ont imposé un créole classique, constipé, garanti *made in Trou-Coucou* pour remplacer le créole que chacun de nous recréait chaque jour à son gré et avec une délectation partagée par tous, la petite minorité dont le rêve secret est de maîtriser le meilleur anglais pour pouvoir aller s'amuser dans la cour des grands. « Tu te rends compte, ma chère » ou bien « Vous vous rendez compte, mon cher, de ce qui nous arrive ? Si ce Wyclef est élu président, quelle langue va-t-il parler à Sarkozy ? Et à l'Onu ? Même pas un bon créole ! Tout juste un *broken English* que Shakespeare répudierait ! Après le tremblement de terre du 12 janvier, il ne nous manquait plus que ça ! La honte, je vous dis, la honte ! Nous allons perdre la face devant le monde entier. » Et le Chœur des Pleureurs et des Pleureuses de verser des torrents de chaudes larmes à travers les colonnes de nos medias.

En attendant le peuple, lui, celui qui a faim et qui est toujours maltraité et qui est exclus de tous les festins où se régalent les Intellectuels et les leaders politiques, nous fait comprendre de mille manières que créole, français, anglais ou javanais, il n'en a rien à cirer. Il voit en Wyclef quelqu'un qui lui ressemble, noir comme lui (même si ce petit détail on n'aime pas beaucoup l'entendre), qui est arrivé à franchir la barricade de la misère, qui peut-être va lui montrer à lui, peuple, comment la franchir aussi. Wyclef est un Exclus qui est arrivé à s'inclure. S'il entre au Palais National, pense le peuple, nous allons tous entrer avec lui et le Peuple enfin sera au Pouvoir.

La minorité dirigeante se rebiffe:
« Non ! Le pouvoir doit aller aux plus capables ! »
Le Peuple des bidonvilles répond: « Le Pouvoir doit aller au plus grand nombre. Et nous sommes le plus grand nombre. Vive Wyclef ! »

La minorité dirigeante monte sur ses grands chevaux et sur ses ergots : « le pouvoir doit aller à la compétence. Nous sommes les plus compétents ! Fermez vos *djols* ! *Dépi ki leu vagabon té gain la parole* ? »

Le Peuple des bidonvilles répond: « Si vraiment le pouvoir doit aller aux plus compétents, les colons étaient plus compétents que vous. Il fallait les laisser. En leur temps Saint-Domingue rapportait 450 millions de franc-or par an. Aujourd'hui avec vous on est très loin du compte. Comment osez-vous parler de compétence après deux siècles d'échec ? La démocratie c'est le pouvoir de la majorité. Nous sommes de beaucoup la majorité. Le pouvoir, nous allons le prendre et le donner à Wyclef ! »

La minorité dirigeante: « Qu'est-ce qu'il ne faut entendre ! Heureusement que nous avons la *Minustah* pour tenir en respect ces imbéciles ! Si Wyclef passe, nous l'obligerons à jouer le jeu. Et s'il refuse de jouer le jeu, nous le ferons sauter. »

Dans tout ce brouhaha qui choisirais-je moi-même ? Bien sûr, si j'étais dans le domaine serein de l'absolu, d'abord je ne dirais pas a priori de Wyclef qu'il est incompétent, car la compétence en politique ne se juge pas au nombre des diplômes. Antoine Simon sans diplôme a été un meilleur président que bien de présidents forts instruits qui ont occupé le pouvoir avant et après lui. Mais je donnerais la priorité à des leaders dont je connais la valeur, comme Madame Mirlande Hyppolite Manigat, le Docteur Guy Théodore, l'Ambassadeur Raymond Joseph, ou même Jacques Edouard Alexis bouffé par un système qui lui a enlevé au moins les trois quarts de ses moyens. Oui dans le domaine serein de l'absolu. Mais sur le plancher des vaches où nous nous trouvons aujourd'hui, avec une Tutelle et une occupation dont tout dépend, qu'en est-il ?

Ce qui m'intéresse c'est : lequel de tous ces leaders pourra le mieux « bondir hors du cercle et briser le compas ' ? Le « cercle » c'est le « Système » qui maintient Haïti sous tutelle. Le « compas », ce sont tous ceux sur lesquels repose ce « Système ».

Madame Mirlande Hippolyte Manigat pourra-t-elle réussir la « percée louverturienne » où a échoué Leslie Manigat ? Il nous avait dit pour nous consoler : « Je n'ai pas échoué. J'ai failli réussir. » En attendant, même si « l'audace était belle », je le reconnais, il n'a pas changé notre sort.

Tant que le « Système » de Tutelle sera là, le dirigeant du pays, quel qu'il soit, ne sera au mieux que le « commandeur » moderne d'une masse de simili-esclaves affamés et en guenilles, vivant de la charité internationale. Ne nous rengorgeons pas, c'est la triste vérité.

Je ne crois pas que Wyclef Jean soit conscient que la mission qu'il devrait se donner c'est d'être un Libérateur qui prenne par les cornes le taureau de la Tutelle et fasse tout pour le terrasser. Si les autres le comprennent, s'en donnent-ils les moyens?

Comme c'est le Peuple conscient et organisé qui fera sa propre indépendance, je préconise de quitter Port-au-

Prince et ses pompes et ses œuvres et d'aller donner jarrette au peuple là où il est, dispersé à travers nos communes et nos sections communales. Si tout ce peuple se mettait debout demain matin et plébiscitait son dirigeant, sans s'occuper des verrous et des barbelés qu'on a mis autour du pouvoir pour empêcher le peuple d'y entrer, moi je dirai : BRAVO ! Ce serait beaucoup mieux que de reprendre le fusil, ce qui est l'autre volet de l'alternative et qui aujourd'hui de plus en plus nous pend au nez comme un coup de pied au derrière.

Vous voulez le Pouvoir, messieurs les Intellectuels ? Le pouvoir se prend. C'est ce que vous disent Toussaint et Dessalines. C'est ce que vous dit Washington. C'est ce que vous dit Danton. C'est ce que vous dit Hô-Chi-Minh. C'est ce que vous dit Gandhi. C'est ce que vous dit Mandela. Personne, surtout pas la Minustah, ne va vous l'apporter sur un plateau d'argent.

Le premier ennemi du peuple haïtien, je parle de celui qui croupit dans les bidonvilles, ce n'est d'ailleurs pas la Minustah, c'est vous les Intellectuels, dont la très grande majorité a fait appel aux forces étrangères au lieu de « take care of your own business ». Vous avez jusqu'ici tout quémandé, tout mendié même le courage. Le premier ennemi du peuple haïtien n'est pas un Etranger. Ce n'est pas Bill Clinton qui d'ailleurs a dit récemment combien il regrette qu'à cause de vous il se soit mis le doigt dans l'œil jusqu'au coude. Combien d'Etrangers ont littéralement débloqué à cause de vous, à cause, par exemple, de votre charlemagne-péraltisme à la con, puisque quelques semaine après, vous étiez à ramper devant ceux que Charlemagne Péralte combattait.

Celui qui aura le pouvoir demain, le vrai, c'est celui qui sera le plus près du peuple. Je ne sais pas quelle langue il parlera, ni quelle religion il aura, ni s'il aura des diplômes ou pas. Car au fond tout ça, le peuple s'en balance comme de sa première ou dernière sapate. Et s'il n'était derrière les verrous de la Minustah, il vous le montrerait demain matin.

Vous appelez ça d'un mot savant « le populisme » et vous en avez peur. Aristide manipulé a manqué le coche. Le prochain ne le manquera pas. Je ne sais si ce sera Wyclef ou un autre candidat qui aura compris que le peuple l'attend là où il est, à savoir dans les « grassroots », dans les cellules de base du pays. Le jour où un leader aura rejoint le peuple, là où il est, ce jour-là, lui et son équipe seront invincibles. Et Haïti sera enfin sur les rails de son indépendance et de sa prospérité.

Gérard Bissainthe

M C-E
RESUME: Ventre creux n'a point d'oreilles ! C'est le problème essentiel de la masse. Donnons-lui à manger d'abord et ensuite elle sera à même d'écouter nos colloques sur le processus électoral. Pour l'instant, le peuple élira le candidat qui, à son avis, basé sur la démagogie des uns et la propagande des autres, lui assurera au moins deux repas par jour.

F M
Et c'est plus qu'vrai ....

M C P-L
Quelle honte pour les intellectuels haïtiens. L'arrivée de Wyclef Jean sur la scène politique en Haïti est la preuve fragrante de l'inexistence de leadership, de volonté d'aider ce peuple à sortir dans cette situation horrible dans laquelle il se trouve depuis 200 ans. Ils sont plus forts dans les théories que dans la pratique. Shame on them !

M Z
Je suis vraiment fatiguée de cette comédie !.......

E P
Partage, Mimie.

H F-L
Quelle comédie Mireille?

R S M
Je crois qu'il faut se résigner à voir la réalité en face si nous voulons vraiment sortir de là. On se plaint de quelqu'un qui sait quoi faire pour réussir et qui est jeune en plus, et pour une question de *pale franse*, on a oublié que le + PLUS GROS BÊTA de notre histoire présidentielle, est l'actuel chef d'état.

On l'a eu pendant 20 ans continu dans un mutisme robineux et larvaire. REGARDONS-NOUS à présent, et regardons Wycleff où il est rendu !

Je crois que nous ne sommes pas encore prêts pour quoi que ce soit de logique sociale. Nous nous plaisons dans nos rêves de faux bourgeois.

Nous pouvons encore nous attendre à des Aristide et des Préval tant que nous ne mettons pas de côté les séquelles des OCCUPATIONS et surtout de la colonisation (que nous ne cessons de regretter).

Le pays n'a pas besoin de président. Il a toujours mieux fonctionné sans président. Souvenons-nous-en ! Les élections sont une formalité secondaire pour le *blan* – l'étranger. Ce sera du temps perdu à discuter en chambres pour approuver des contrats que les vautours trafiqueront pour du RIZ et des Taules et qui prendront une éternité. Le *blanc* a besoin d'actions pour libérer les fonds déjà prêts. Mais pas pour attendre après des paysans en chambres qui ne connaissent rien en la matière parlementaire. On vote pour ce qu'on sait. Ces paysans de la chambre n'ont aucune vision de quelle reconstruction nous aurons ; comme celle de l'arrière pays !

C'est la le danger d'élire un vieux ou une vieille de la vieille. On recommencera encore une fois avec la question de double nationalité, de diaspora, *de moun lot bò dlo*. Notre misère c'est nous qui la fabriquons. Le pays n'a pas besoin de président. Mais Wyclef est un esprit vierge de tous nos préjugés mortels. Nous serions chanceux s'il pouvait accéder à cette place, on perdrait moins de temps à nous chamailler sur des questions de *sak diri ak pwa* –riz et pois- et viendrait avec des collaborateurs jeunes pour une fois dans le pays.

La jeunesse est énergique et n'a aucune rancune ni de préjugés. S'il fallait revenir en arrière avec la devise : LE POUVOIR AU PLUS CAPABLE, alors Wyclef vient en tête de liste et Mickey après. Ceux sont des hommes qui ont une expérience du public et ils ont donné la preuve par leur réussite même s'ils ne parlent aucunes langues ou qu'ils se déshabillent en public. Ce n'est plus ce qui doit compter. Ceux qui savaient le faire n'ont rien fait. Ils nous ont foutu dans la merde. Moi je n'approuve ni l'un ni l'autre et encore moins ceux de la vieille garde. Mais s'il faut prendre une chance mieux ne plus se fier sur l'apparence.

Quel que soit celui qui prend le pouvoir ce qui compte c'est la reconstruction. Tous ceux qui ont posé leur candidature étaient déjà là et ils n'avaient rien fait pendant les 20 dernières années, sauf Wyclef. Laissons notre orgueil et nos prejugés de caste, de couleur et de classe de coté et voyons la situation objectivement.

P S
N'oublie pas que George W Bush n'a pas été si éloquent; mais il possédait le charisme. Et malgré que la grande majorité soit vraiment démunie, les intellectuels se trouvent partout en Haïti. En fin de compte, toute la population aimerait avoir un leader qu'on peut faire confiance; un leader, dont les intentions ne sont pas de piller à nouveau les coffres.

I think everyone is longing for a leader. (Enough is enough!) The wealthy is very insecure, yet, allow me to say that, they, themselves, cannot or do not want to govern.

Le pays a besoin d'un leader efficace qui peut bien communiquer avec toutes les couches sociales ; un leader qui doit approcher et développer des partenariats verticale et horizontale ; un leader qui apportera des changements rapides ; et pondéra des changements et des habitudes sans trop de bouleversement (*good luck on that one*) :-)

Quelqu'un qui peut calmer des milles et une parties politiques qui demandent « *what's in it for me ?* ». L'ordre du jour doit être vraiment explicit, démontrant les capacités pour l'équilibre des différents facteurs/pouvoirs, et éviter toute apparence de la prépondérance des uns par rapport aux autres.

Ils (*rich and poor*) peuvent se sentir confiants que cette personne, quelqu'un qui ne semble avoir aucun agenda caché.

R S M

Exactly man! Thank you. Haiti does not need a president but a good manager with an outstanding team in order to implement the infrastructures of the country, including a new constitution which can serve the need of the entire population.

President does not mean anything for now. Avec un président, s'il faut amender la constitution, il faudra attendre le prochain président pour le mettre en application. Préval s'en va, on sera encore à débattre la question de la double nationalité et de diaspora de patati et de patata et nous continuerons à demander la charité ou à voler du Riz *ak pwa*. *A la traka bondye* ! Haïti pays *foli prezidan*. D'ailleurs selon la constitution le chef du gouvernement est le premier ministre ; si le président n'a pas l'intention de tricher.

A P Jr

C'est vraiment n'importe quoi !!!!

G-M L Jr

Nice article, I couldn't say it any better. It's time we stop hitting on each other and start putting our heads together to fight the real enemy. Our future depends on it. More power to the Victor Hotep

F-A L

C'est un moment très difficile qui illustre beaucoup plus la faillite de la classe politique. Mais, pour l'instant, je me garderais de faire la chasse aux sorcières, ou tenter de dévaloriser nos intellectuels. Nous sommes tous coupables de cette descente aux enfers de notre pays. Nous sommes encore à la recherche de ce consensus, de ces leaders et de cette volonté politique collective qui nous permettraient de remonter à la surface, à la lumière.

M V-R

Je pense que l'approche pragmatique est de mise.

L J

Wyclef Jean, l'homme fort de la scène électorale à la présidence résulte de l'effondrement des tractions sociales en Haïti d'où les élites politiques, intellectuelles, médiatiques, économiques et religieuses s'avèrent sans scrupule et sans admiration et je dirais même cadavérique.

G S. A

Voici d'autres points de vue sur le sujet. Je ne sais pas mais j'espère que vous pourrez les lire.

http://www.facebook.com/note.php?note_id=4210611017
50&id=100000748936615 de Willy Pompilus et
http://www.facebook.com/note.php?note_id=4210...27546
750&id=100000748936615 de Guy Ferolus

P S

Trop de haine! Trop de haine! « *Rahi chyen an men di dan'l blan.* »

J F B

Comme disait l'autre: « en toute chose, il faut considérer la fin.» A quelle fin Wyclef se porte-il candidat á la présidence ? Est-ce par mégalomanie ou, comme tout haïtien qui se croit arriver, pour se sentir accomplis ? Ou, parce qu'il cherche comment se reprendre économiquement ?

Seul le candidat par son honnêteté peut répondre á ces interrogations. A mon humble avis, je ne pense pas qu'il soit le leader que cherche le peuple haïtien. Je parle du peuple exclus qui a voté Aristide et continuera á le voter. Il ne faut pas oublier que le peuple avait exigé á Wyclef lors du dépôt de sa candidature, qu'il se déclare être envoyé par Titide. Donc ne nous trompons pas, le peuple sait très bien ce qu'il cherche. Il a fait la même chose avec René Préval en espérant que celui-ci lui rendrait son leader charismatique. Mais Ti René a trahit. Maintenant il prend sa revanche contre cette élite GNbiste en appuyant ouvertement Wyclef.

Mais attention cher compatriote ! Wyclef comme tout parvenu arrivé au pouvoir sera accaparé par l'oligarchie haïtienne et par les grands du monde. Le peuple sera exclu. Á ce moment le vrai mouvement populaire fera surface. Maintenant l'unique option qu'il nous reste est de continuer á organiser les masses tout en expliquant clairement l'évolution de la conjoncture en mettant l'accent sur l'aspect de classe des événements.

Les cellules politiques de base devront porter l'accent sur l'insignifiance qu'auraient les élections avec ces leaders traditionnels. Le taux d'absentéisme dépasserait toute pronostique. Et en plus c'est le moment pour le peuple de se venger de cette classe politique apatride.

Je crois que le vrai combat sera lancé 6 mois après ces élections. Le moment est á la préparation de la lutte anti coloniale. Wyclef ou pas les exclus le seront toujours si nous ne franchissons pas cette étape. Le scenario est déjà préparé. Il est question de nous maintenir hors de la vraie lutte de libération nationale. C'est ça la stratégie des manipulateurs et dire au monde entier le peuple haïtien a un leader qu´il aime au pouvoir qu´il nous foute la paix.

Pour cela, il ne vaut pas la peine de nous en faire autant avec la candidature de ce rappeur. Il sera désapprouvé par le peuple bien avant que nous ne l´espérions. Á bon entendeur, salut !

GJ E

Et Aristide, il n'avait pas trahi ?

Rhetorical question @JFB, I know you'll have an argument that you think is valid to continue to offer Aristide as a solution.

« Le peuple sait très bien se qu'il cherche » par un penchant « férial », primordial, mais il n'arrive pas à CHOISIR ce qu'il lui faut, sur une base logique et intelligente. Et puis, à t'entendre, on est bientôt parti pour une « révolution armée » puisqu'il faudra se débarrasser des « colons. »

Ce sera encore « *koupé tèt, boulé kay* » et jamais « *poze tèt, konstwi kay* » et toujours la violence confirmera nôtre errance.

D C

Il nous faudrait avoir une table ronde et discuter de l'avenir du pays. Haïti a besoin de nous tous, quelque soit la couleur, l'opinion et la situation sociale. De l'ensemble des idées jaillisse la lumière. Nous devons faire quelque chose pour le pays et le temps est maintenant, non pas demain ou l'année prochaine.

I M C

Our beloved country won't get any better if we can't get along as a people. We, Haitians have been very successful all over the world even though this has not been publicized, but we do know that we are smart, intelligent and courageous people. It is about time to do something for Haiti and to show the world that we are capable. Let's follow Toussaint Louverture's path and use our oppresssors just like they have been using us for centuries to be where they are today.

I M C

Post this coming election, UNIFICATION will be the key to the survival of the people's elected president. The alternative will be more US backed coup d'états and puppet representation. Let us once again apply our pledge *"L'Union fait la Force"* that delivered us from slavery and made us the First Black Republic. The toll has been paid by the blood of our ancestors. *Koulye ya se lanmou ki pou gouvène* !

Sispan di zafè kabrit pa zafè mouton !!! Epi na wè pouvwa siv.

N S

Touts ceux qui se penchent du coté de la masse populaire doivent être absolument éliminés, tout simplement. C'est la vache à lait pour la minorité traditionnelle. Ce n'est pas une affaire patriotique pour eux, c'est du business « *Money.* » Ils n'ont rien à voir avec Haïti. Plus ça va mal pour Haïti mieux ça va pour eux. C'est à ne rien comprendre.

Le peuple Haïtien est toujours dans une situation où il attend quelqu'un pour le sauver de l'emprise cruelle de ce système. Qui contrôle ce système ??? Comment fonctionne ce système ??? Autant de questions qu'il faut se poser et trouver la réponse et ainsi trouver une solution définitive pour notre pays. Il faut absolument « ECLATER » ce système. Je ne sais pas, mais peu importe la façon. Pacifiquement, démocratiquement, « *koupe tèt boule kayeman* », peu importe.

Malheureusement ce n'est plus de mise de nos jours ; aux grands maux les grands remèdes.

Li lè pou nou sispan mete nouvo bèl pansement sou maleng lan san nou pa dezenfektel.

Beaucoup d'haïtiens sont imbus de ce problème pour ne pas dire tous les haïtiens, mais ils refusent de prendre actions. Haïti n'ira nul part sans l'éradication totale, je dis bien, totale de cette maudite plaie. « ON NE TOUCHE PAS HAITI ! PRIVATE PROPERTY ! Bill Clinton peut vous en dire long la-dessus. Il n'y a pas de solutions externes qui marcheront. Malheureusement pour Haïti ; ca dure tellement longtemps.

M N A
So what! Pick anyone with money, lots of money! At least they won't have to suck our left over, if we still have some now. We need *tèt ansanm*.

D C
@ Michelange - It is not a matter of money, even if you take someone with money, it will still be the same. The more you have, the more you want. Right now, what Haiti really needs is someone who will see the Country first and would be strong at the same time.

N S
Tèt ansanm ! Depi avan 1986 map tande pawòl sa-a se meyè fason pou rezoud pwoblèm ; men tèt ansanm avek ki lès tèt ansanm fèt ; ak moun ki vle li ta fèt déjà ?
Money or not the country first ; *period*.

F-A L
Pour comprendre cette situation sociopolitique complexe, il faut se résigner à faire de nombreuses considérations sur la composition du statu quo et les acteurs prépondérants de l'échiquier politique actuel. Il y a des problématiques spécifiques de la conjoncture qui sont de nature traditionnelle sinon historique.

      1- L'absence de l'état dans les domaines les plus importants: l'éducation, santé, énergie, environnement etc...
      2- La non-existence d'un état légaliste, fort qui offrirait un cadre légal, sécuritaire qui garantirait le déroulement d'élections démocratiques.

3- Le pays vient d'être victime d'un sinistre incomparable qui rend encore plus dysfonctionnels les pouvoirs ainsi que les institutions.

4- Faut-il aussi remarquer que nous vivons un grand déséquilibre institutionnel par la prépondérance de l'exécutif contre l'absence du législatif. Décharge des candidats impossible...

5- L'inexistence ou la faiblesse des partis politiques, leur caractère éphémère, leur incohérence idéologique. Ex: la gauche haïtienne préfèrerait la dissolu-tion, l'échec électoral permanent plutôt qu'un consensus entre les partis de gauche. Ils n'ont jamais pu choisir un candidat unique. Hélas, la seule fois, fait rarissime, 1987 (Gourgue) a fini dans le sang (massacre de la Ruelle Vaillant). L'extrême droite veillait ainsi que l'international.

6- Main mise sur l'appareil électoral. On en parle sans dire si ce coup s'est réalisé à partir de l'intérieur (endogène) ou de l'international (exogène). On veut à la fois renvoyer le CEP et se présenter aux élections. Y a-t-il un protagoniste omniscient et omnipotent qui tire les ficelles de tout le monde, le gouvernement ou l'Amérique ?

7- La mosaïque politique nationale ou la composition de l'échiquier politique laisse à désirer. Y a-t-il une passion de l'anarchie au pays? Il n'y a que de petits partis insignifiants à part Baker et Mme Manigat. Malgré les prouesses de Wyclef Jean et de Martelly, le carnet du CEP peut mettre fin à leurs fougueuses velléités. La gauche se présentera-t-elle, avec un parti d'extrême droite. Haïti devient « the mother of all countries » au point de vue de contradiction idéologique.

8- A-t-on mis sur l'échiquier des partis et des candidats qui n'auraient qu'une capacité de nuisance? Ou certains candidats ont-ils reçu une bénédiction internationale pour que le colonialisme puisse reprendre avec un nouveau souffle ?

9- Y a-t-il tentative de polarisation pour manipuler l'électorat déjà si fragmenté? La vieillesse, la jeunesse, la bourgeoisie qui ne vote pas ; les forces moyennes, foyer de désunion ; le prolétariat qu'on veut toujours manipuler ; fragmentation du Parti Lavalas, formidable force politique fragmentée/divisée. Les politiques/candidats qui sont coupés des votants de leur base. L'électorat, comprend-il le jeu complexe des intérêts de classe ?

10- Finira-t-on par trouver un mythe fonctionnel ou une utopie mobilisatrice pour travailler encore contre Haïti en lui imposant une nouvelle dictature après la chute de la dictature et une transition vers la démocratie qui risque d'être centenaire ?

H F-L

Mwen toujou tande frèm ak sè m Ayisyen ap pale de met tèt ansanm pou nou ka regle pwoblèm lan peyi d Ayiti. Se bèl pawòl. E m pa vle dekouraje okenn moun ki kwè lan koze saa. Jis pou m ka ede sak vle konpran, ki sa sa vle di, mwen gen de twa mo ke mta renmen di la dann tou.

Mwen ekri youn NÒT ki rele « AN MET TET NOU ANSANM » lan page mwen. Li li epi nap di m ki sa ke nou panse.

N S I

Mes respects Mr Leconte. Rares sont ceux qui ont la capacité de tracer le profil exact et impartial de la situation sociopolitique de notre pays. Ceux qui en ont cette capacité n'ont pas le culot de le faire par intérêts, peur ou sentiment d'appartenance. Heureusement la réalité est là et elle saute aux yeux. Encore une fois je vous adresse mes patriotiques respects.

P B-A

HAITI un pays à l'envers. Wiclef n'a pas 5 ans de résidence dans le pays donc il ne peut pas être président. Mais Sweet Micky connu pour ses actions immorales peut être président ! Plus de moralité de la part de nos hommes politique.

Wiclef tap vin ak milion ki soti aletraje pou investi nan kanpay li, aloske preval pral itilize lajan leta pou fè kanpay pou zanmil. Kidonk nou chwazi Préval pou youn lot 5 an.

J D

L'auteur de ce texte ne vit surement pas en Haiti !!! Surement pas, sinon, nos deux derniers élus ne le seraient pas !

Vous ne voyez pas ? Benh, vous vivez surement à l'étranger, non ?

Hahaha ! J'avais raison, vous ne vivez pas en Haïti, c'est pour cela que vous ne voyez ce que viennent faire nos deux derniers élus dans cette question d'immoralité :)

Et puis, un p'tit peu de démocratie quand-même ! Si cela ne vous intéresse pas, ne lisez pas ! Mais n'essayez surtout pas de m'empêcher de m'exprimer :)))) Salut !

K Et J

Notre pays et notre indépendance, c'est tout un poème. Nous sommes des victimes depuis Décembre 1492, jusqu'à nos jours. Soyons des collectifs pour le bien-être de notre chère patrie, HAITI.

FACEBOOK DIALOGUES & CONVERSATIONS (I)

En effet, nous n'avons pas tous la capacité d'apporter la joie, la paix, l'harmonie et l'amour dans la vie des autres. Mais l'amour transforme, et l'amour guérit. Tel est ce sentiment complexe, qui, au fond, est notre seule raison de rester en vie, de lutter et de chercher à nous améliorer.

Angie Jean-Bart

-13-

I LOVE YOU / JE T'AIME !!!

_____

By Guy-Evens Ford

« Et l'amour de mon amour est l'amour de toutes les amours! Ce cri du cœur, bien que familier, retouche les flammes de ma passion de toi. Pour ta délectation, écoute un peu de tout ce que mon cœur n'ose taire, Poupée Ford !!! »

Guy-Evans Ford

J B
Guy I am probably your greatest fan but sometimes... « et l'amour de mon amour est l'amour de toutes les amours », cela veut dire que ton amour est une pute…

G A
Frédéric François - Je N'ai Jamais Aimé Comme Je T'aime Aujourd'hui

Non je n'ai jamais aimé
avec tant d'amour dans mon cœur
Tu m'as donné le bonheur
contre un peu de liberté

Je n'ai jamais aimé
comme je t'aime aujourd'hui
Je n'ai jamais aimé
Aussi vrai de ma vie

Avec toi c'est plus pareil
Je ne quitte plus la maison
Il y a toujours le soleil
et ton sourire à l'horizon

Chaque nuit je viens vers toi
oublier les mauvais jours
Car c'est un vrai nid d'amour
que tu as construit pour moi

G-E F

@ Joseph Bernadotte - Mon frère souffre que je relève cette contradiction: « *Guy I am probably your greatest fan.* » Si cette assertion qualifie ta franchise, alors ma substance d'homme- penseur t'est sans nul doute évidente. Devenir le fan de quelqu'un est une forme d'endoctrinassions cousue au fil de la rationalité.

Tu comprendras pourquoi je ne m'attarde pas à questionner la candeur compréhensive de ton évaluation. Merci d'avoir jugé bon d'opiner !

@ Gigi Almonor - Merci à toi, grande dame ! J'ai tressailli de joie à lire le texte ! Bon weekend à toi !

H F-L
M ta renmen konnen ki fanm sa a ki volè kè frè m nan !

G A
Mwen menm tou Hervé, mwen ta renmen konnen ki les ki pran nan gwo loto sa.

Je ne comprends pas très bien. Dites-moi, qu'est-ce qui t'a fait tressaillir de joie ? La chanson ou moi ? :-) lol.. mdr

G-E F
@ Hervé Fanini-Lemoine - Se ke powèt kap bat nan pawòl li, adye papa!

H F-L
M konpran ou, men wi. Se sa w di.

G-E F
@ Gigi : Les deux...

G A
@ Guy-Evans Ford - Beaucoup de charme ! Maintenant c'est à mon tour de tressaillir de joie...

G-E F
@ Hervé: Gen lè ou pa fe'm konfians, bos papa !

@ Gigi - Vas-y, tressailles de joie à ton tour !

G A
@ Guy - Tu me parles tout bas, et me montres la vie en rose...

G-E F
@ Gigi - Même lorsque tout s'obscurcit autour de moi, ma vie demeure en rose. Il ne me serait pas loisible de recolorer ma vie, en vue de symboliser chaque humeur. D'ailleurs, il n'y en aurait pas eu assez pour le comble de mes humeurs journalières. Oui, je suis pourtant, mentale-ment stable. Que ta vie soit vécue en rose, Gigi !

G A
@ Guy-Evans - Il n'y a qu'un bonheur dans la vie, c'est d'aimer et d'être aimé.

G-E F
@ Gigi Almonor - A part ce bonheur-ci, tu n'en trouves pas d'autres ?

G A
Je trouve satisfaction à aider les autres. Comme Albert Einstein a dit: « Efforcez-vous de ne pas être un succès, mais plutôt d'être de la valeur. »

G-E F
@ Gigi - Je te félicite de tes dispositions altruistes.

R K
...je n'ai jamais aimé comme je t'aime !

G A
@ Guy - Je te félicite sur la façon dont tu donnes de toi-même, librement et ouvertement. « Les gens disent souvent que telle ou telle personne n'a pas encore trouvé lui-même. Mais le soi n'est pas quelque chose qu'on constate, c'est quelque chose que l'on se crée. » Thomas Szasz

M M-L
Lord, have mercy!--

C C
L'amour, ce n'est pas quelque chose que l'on invente, c'est plutôt inné. On aime avec le cœur mais pas avec l'âme et l'esprit.

N M
Oh, Lol!!! Evans tu nous tues.

M D
Maintenant c'est à moi de crier ces mots !!!!!!!!!

F T
Guy-Evans, apparemment, quand tu aimes, tu perds la raison. Je te comprends entièrement. J'espere que la personne à qui tu es prêt à donner tout cet amour sera non seulement en mesure de te donner la réciprocité, mais t'aimer encore plus que tu l'aimes.

G-E F
@ Florence - En effet, Florence, aimer, c'est faire l'expérience de la raison du cœur. Celle-ci domine, s'impose et se superpose avec la raison d'être. C'est la source de notre orgueil et de notre idéal sur terre. Aimer, à mon sens, c'est perdre la raison -mécanisme de défense-, pour que la tendresse -source d'humilité et d'harmonie-. Aimer,

c'est avoir raison sans besoin de la rationaliser... La raison du cœur ne cherche aucune garantie de réciprocité des sentiments qu'elle provoque ; elle s'attelle plutôt à orienter l'amour vrai vers son équilibre, sa stabilité, ses joies et sa longévité dans l'épreuve... Heureux de ton aimable opinion!

N M
Guy, je ne suis pas totalement d'accord avec toi, car si tu perds la raison, tu ne pourras pas orienter cet amour dans une bonne voie et le nourrir afin que toi et ton adorée puissent en jouir pleinement. La raison du cœur doit chercher une garantie de réciprocité des sentiments. S'il n'y a pas de réciprocité, dans ce cas, pourquoi luttes-tu ainsi pour l'appartenir?

G-E F
@ Nicole - Bonjour à toi ! Merci de l'attention que tu prêtes à ce parchemin. Je juge que tu as raison de partager tes perceptions avec nous parce que nous les prenons à cœur. La raison qui alimente la convoitise, lorsqu'elle se métamorphose en raison noble, subit l'influence d'un conditionnement implicite de l'idéal des deux êtres en amour. Parler de réciprocité, c'est en partie affecter l'épanouissement de l'amour. Par exemple, des dispositions telles que: le respect, la fidélité, le sens du partage et les besoins de l'amour doivent être réciproques parce que, aimer est aussi et surtout un pacte social.

Sur le plan affectif, ce que tu entends par réciprocité devrait être perçu comme partage pour éviter de mettre en relief des limitations qui risqueraient d'avoir un impact négatif sur l'union. J'ai énoncé des paramètres de réciprocité ou d'entente fondamentaux qui rejoignent ton point de vue, sans pour autant adhérer à un pacte conditionnel.

F T

Aimer vraiment, c'est tout donner sans rien espérer en retour. Perdre la raison, être fou de quelqu'un ; c'est inévitable ! On espère seulement trouver la réciprocité.

Nicole, « Le cœur a des raisons que même la raison ne connait pas. » (Le nom de l'auteur m'échappe)

A H M G

Bonjour à toi ! Guy, tu m'ensorcelles avec tes chansons d'amours, merci!

G-E F

@ Amalia - Jamais, au grand jamais, ne me crus-je capable d'ensorceler. Voici un talent à exploiter ! Merci de cette révélation. Heureux que ma sélection de chanson t'ait plu !!!

M P

Quand l'amour est à l'honneur les amis se font rares : pas de commentaires.

Comme l'a bien dit Amalia, tu restes dans ton petit coin pour ensorceler les autres avec des chansons d'amour. lol. Bonsoir !

H F-L

Guy, ou poko di m kilès sa a non. Antouka ma p tannn. - bon bagay !

P E

Thanks Guy, for bringing back this wonderful memory nice music.

G-E F

Patricia: Harmony, harmony, harmony, bb !

@ Michele - L'amour est toujours à l'honneur dans ma vie. Je consacre ma vie à préconiser le triomphe de l'amour d'amour. Si comme tu le dis, les amis se font rares à cause de l'amour, alors, l'amitié n'est pas bien fondée. Toute amitié est à base d'une dose mesurée d'amour. Bien à toi !

M V
Bonjour à Toi ! Et même si ce n'est pas pour moi, je l'attrape en toute Amitié. Bonne Journée Guy.

M C-E
I love you too! Have a wonderful & blissful day in the company of your angel!

L R
Loving you right back!

A J-B
@ Guy-Evans - Tu vas bien ? Tu sais quoi.... Il y a des amitiés qui sont plus fortes que l'amour. Tandis que des amours se cassent, l'amitié peut endurer l'épreuve du temps. ATA23!!!

M-J D C
I like that very much!

F T
@ Angie - If it is meant for you, just receive his expression of love whether as a friend or something more. You don't have to share the same feeling.

@ Guy-Evans - Good for you for sharing it with your FB friends. Je suppose que les deux savent de quoi vous parlez. Bonne journée!

A J-B
Smile... Message reçu !

R K
I love you too.... Poupée

L R

Guy, I wish there were more people like you to share the love you have to give to so many. You're a one man show shouting out love to touch as many lives as you can. Good for you!

Y F

Dis-le haut et fort, le message d'amour ou d'amitié a été reçu. Both of you be blessed!!

M A T

I love the secret part of you, that is the most beautiful and lovable one. Respect

M St G

Seul le Silence est Grand!

L R

Let's get back in touch dear. Love you. Lana

G-E F

@ Maggie - Ce titre d'un album de Mireille Mathieu, à savoir, « Pourquoi le monde est sans amour », accuse le manque d'intrépidité de ceux et de celles qui n'attrapent pas les ondes positives de l'amour sur leur passage...Je te réitère tout l'amour de notre amitié entière et à part! Bon weekend!

@ Maryse - Somehow, something mystical transpires whenever you say, "I love you" Maryse; is that normal? I love it! Peace! Have a nice, a safe, a loving, and a blessed weekend, lovely sister!!!

@ Lana - I am happy that the love being returned to me is not recycled. It does flow freshly from the source... Thanks!!!

@ Angie - L'une des caractéristiques des amours chancelantes, c'est qu'elles n'étaient pas construites sur le roc de l'amitié. Celle-ci aide à filtrer les sentiments contre les corps toxiques qui tentent de s'y infiltrer pour ruiner l'alliage. L'amitié devrait être la pierre de l'angle des amours qui préconisent la longévité. Qu'en est-il de ton amour, Angie ? Smile!

@ Marie-Josée - The universal language of LOVE is an invitation to appraise, to value and to cherish the privilege of loving, M-J...

@ Florence - Lorsque l'esprit d'amour plane de sa tombée du cosmos, il ne s'installe dans aucune frontière précise de cet univers tumultueux ; il s'en prend plutôt aux cœurs accessibles. La destination de l'amour est un rêve à matérialiser. Pouvoir cultiver un amour sans bavure et pouvoir s'investir tout-feu-tout-flamme à aimer, sont une bénédiction. Merci de ton intervention, Florence. Bon weekend à toi !

@ Rosie - Aimer en retour est une chose formidable. I « love you too » ne doit pas être qu'une simple formule, plutôt une expérience, Poupée !

@ Yanick - Femme-Poésie, je te remercie d'avoir apposé ton sceau d'approbation sur ce cri du cœur investi dans le réel. Mon plus grand rêve c'est que mon « I LOVE YOU » résonne et raisonne lorsque mon âme le délivre avec sa charge indisputable de conviction. Que ce soit comment serment, que ce soit comme déclaration ! Bon weekend!

@ Marie Alice - I am overjoyed by your intervention and your kind words. The mystique of a poet resides in this sense of intangible reality that he or she projects interactively in order to maintain intact, the SECRET and the SACRED aspects of his/her inspirational palpitations. MAT, thanks for connecting! Bon weekend !!!

@ Marie St - Un amour vrai ne peut être voué au silence. Un amour qui s'avoue ne sait guère se taire !

I LOVE YOU / JE T'AIME

F T
Guy-Evans, La façon de t'exprimer....... Mon Dieu, c'est fascinant. Je prends plaisir à lire tes écrits. Ils touchent le cœur. Your language is that of a poet!

G-E F
@ Florence - Bonjour à toi, Florence ! Tes éloges m'exhortent à mieux faire. L'attention que tu voues à mes écrits, qui se veulent des « cris du cœur », m'honore, m'encourage et me console. Merci!

F T
Guy-Evans, Hervé t'a posé une question. A qui tout cet amour ? Tu lui réponds ?

H F-L
Ah ha, tu réponds mon pòt !

M C-E
@ Florence & Hervé - A toutes celles qui le méritent ; bien sur ! :-)
@ Guy - J'espère que tu ne t'en fais pas de ce j'aie répondu à ta place.

H F-L
Oo! Alors là je me mets dans la lutte. Je ne laisserai point passer cette occasion de me mesurer contre ce Mecque de Guy-Evens qui poétise sans cesse et captive toutes les fleurs de ce forum. Pa gen bagay konsa pyès !
Il va falloir à ce moment que je m'associe à ce monsieur qui semble posséder l'art de se faire aimer.

M C-E
Guy m'a chuchoté à l'oreille que c'est inné ! :-)
Ne te décourage pas pour autant, Hervé. TOUT s'apprend dans la vie.

G-E F

« Nous sommes tous des artistes. Des qu'on peut apporter l'harmonie, la joie, la paix, l'amour dans la vie des autres, nous sommes artistes. » Angie Jean-Bart
L'artiste serait présomptueux de se croire au niveau majestueux de l'art. Révéler l'art, tel est le rôle de l'artiste. Angie, artiste-artisane, je te remercie d'avoir éclairé nos lanternes sur notre identité en tant qu'œuvres d'art du Grand Architecte de l'Univers.

Ne t'en déplaise, que je partage avec toi ma visualisation de mon être, artiste :

> Etre capable d'aimer à perdre la raison, est un enclin d'artiste.
> Concevoir ce que l'on pense et le parfaire passionnément
> Percevoir ce qui attendrirait le cœur de l'être aimé
> Cibler son objectif et le conquérir avec conviction
> Vouloir et pouvoir satisfaire l'être avec qui l'on communie en amour
> Penser à donner du plaisir avant sa propre gratification
> Etre capable de consoler ceux qui s'égarent dans le chagrin
> Pouvoir chérir et choyer l'être aimé avec flamme et consistance
> Trouver une nouvelle inspiration dans le même épanchement,

Telle est ma visualisation de mon rôle d'artiste !
S'il faut acquiescer dans l'absolu que nous sommes tous des artistes, convenons d'abord ensemble, que tous, nous partageons les mêmes sujets que nous interprétons différemment... Toute la différence réside dans l'inspiration, la source intarissable de tout chef-d'œuvre artistique.

R G Jr D
Guy-Evans, tu es exacte ! Mon premier ensemble était sous la direction du pianiste Micheline Laudun Denis, j'avais cinq ans. C'est notre devoir, ensemble, de partager nos connaissances avec les jeunes. Encore une fois merci pour cet article qui embelli l'art. Guigui

N G
Très belle pensée !

G O'N
Très beau ! Cependant, il y a toujours les exceptions qui, malheureusement, confirment les règles. Nous n'avons pas tous la capacité d'apporter joie, paix et amour dans la vie des autres. Plus encore, ceux-là mêmes qui sont sources de joie, de paix et amour peuvent être d'amères sources de tristesse, de chaos, de litiges et j'en passe. Il est important d'être en paix avec soi-même quand plus rien n'a l'air d'aller, et de continuer à aimer même quand le « vis-à-vis » veut nous causer ou nous cause du tort.

A J-B
Yes indeed, bravo Gerty !

G-E F
@ Raynaldo – GuiGui, j'apprécie que tu aies fait honneur à ce parchemin en élevant ta voix dans ce débat. Dans ce contexte-ci, je voyais l'artiste à travers l'expérience de ceux-là qui ont deja pris conscience de leur condition humaine. Je trouve pourtant rafraichissant que tu attaches un sens littéral au terme artiste en l'assimilant à l'enfance, par ou passe évidemment toute expérience adulte. Franchement, je me remets de cette faille en me repentant de cette lèse plutôt justifiable, en ce que je ne me voyais pas à introduire les « petits », prodiges ou autres, dans une analyse aussi décolletée de la conscience artistique. Salut!

@ Nancy - Si cette pensée t'inspire, cela m'encourage à sourire ! Bonne journée à toi !

@ Gerty - Au potentiel, tout humain est artiste, moyennant qu'il puisse, dans son entourage social, communiquer « l'harmonie, la joie, la paix et l'amour. » Cette assertion ne pourrait se reposer sur la précarité d'une généralisation, compte tenu des contingences que tu as énoncées dans ton intervention, lesquelles, nous cadrent sur la même page idéologique.

Etre artiste, je crois, dans le contexte ou l'emploie Angie, c'est s'évertuer à élever son inspiration a un niveau de consistance apte à assainir le quotidien de ceux que l'on côtoie en exsudant un comportement exemplaire. Je concède dans le même souffle, tout comme toi, d'ailleurs, que tous les humains ou potentiels artistes, ne sont pas ipso-facto des agents porte-bonheur. Bonne fin de semaine à toi, ma sœur !!!

A J-B
En effet, nous n'avons pas tous la capacité d'apporter la joie, la paix, l'harmonie et l'amour dans la vie des autres. Mais l'amour transforme, et l'amour guérit. Tel est ce sentiment complexe, qui, au fond, est notre seule raison de rester en vie, de lutter et de chercher à nous améliorer.

On peut écrire des milliers de livres, monté des pièces de théâtres, produire des films, créer des poèmes, tailler des sculptures dans le bois, fer ou dans le marbre, et pourtant, tout ce que l'artiste peut transmettre, c'est l'idée d'un sentiment ; pas le sentiment en soi. Mais j'ai appris que ce sentiment était présent dans les petites choses et se manifestait dans la plus insignifiante de nos attitudes. Je le répète et je le sens. Nous sommes tous des artistes. Il faut donc toujours avoir l'amour à l'esprit quand nous agissons ou quand nous n'agissons pas. Cheers!

G O'N

@ Angie - Merci infiniment. Un brin d'encouragement n'a jamais cause de tort à personne. Que du contraire ! La pensée postée qui fait couler pas mal d'encre est très jolie, et profonde. Hats off!

@ Angie et Guy - Au fait, L'Artiste, par excellence, reste et demeure Dieu de Qui, découlent toutes bonnes choses, toutes vertus. Si nous restons attachés à Ses principes, il n'y a pas moyen de n'être pas porteurs de paix, de joie, d'amour, de félicité, etc. Cependant, La Parole de Dieu est aussi une épée tranchante. Elle peut blesser PROFONDEMENT quand elle met le mal en évidence. Pourtant --o, bienheureuse espérance-- cette Même Parole qui peut faire mal, a La Puissance de guérir. Et, comme le dit si bien ce chant: « S'il le faut, que Ta main me blesse, Ton Amour saura me guérir.'

A J-B

Amen!

G-E F

@ Gerty - Amen, Sœur-amour!

@ Gerty - Gardes-toi de dire à notre Maman chérie, Anne-Marie, que j'ai mal écrit O'neil. Smile!

G O'N

@ Guy - Je ne voulais pas prendre l'initiative de T'AVILIR sur FB (lol, lol, lol). Heureuse que le sort en ait décidé autrement. Je te promets de ne rien dire du tout à notre mère; je lui écrirai tout simplement un p'tit mot à ce sujet. lol, lol, lol.

G-E F

@ Gerty - Je crois avoir l'assurance de ta protection affective en toute circonstance. Alòs, m'pa pè ! Smile

G O'N

:-)

L R

Hi Guy, hope you're doing well. Happy Friday

G-E F

@ Lana - Always good to hear from you! All is well at this end and I wish the same to you. Talk to you soon and have safe and nice weekend!

L R

I hope and pray that all is okay with you Guy. You are a special man and, please, stay in touch! Your advice is wise and useful to me. L

G-E F

Thanks Lana, your comment is very heartwarming. A true friend, you are! Stay blessed!

It is indeed the sacred tree that most indigenous people honor. I was pleasantly surprised to see how "much" this movie turned out to be.
Raymode Jean-Baptiste

-14-

SACRED TREE IN HAITIAN VODUN

In James Cameron's new sci-fi movie epic Avatar, the indigenous natives of Pandora, the Na'vi, worship a sacred tree they call the "Hometree." However, the humans who have invaded this Sacred Garden are intent on destroying the tree for the precious metal, "unobtanium," which lies beneath it. The humans, you could say, have fallen from grace--they've disobeyed the Supreme Being and are being punished for their sins against nature. Now they are intent on obtaining this precious metal by any means necessary in order to keep their Earth from dying.

There is an interesting piece about the Christian theological aspects of Na'vi at:

http://www.exinearticles.com
http://ezinearticles.com/?The-Theology-of-Avatar&id=3483354

The Theology of Avatar.

The Avatar plot can also be seen as being emblematic of the destruction wrought on the gentle natives of the Caribbean (the Taino or Arawak Indians) by its "Discoverer," Christopher Columbus and the Spaniards who accompanied him to what he believed to be India. On December 6, 1492 Columbus landed on the large island of Haiti, which according to Bartholomé de las Casas' account was, "perhaps the most densely populated place in the world." Forty years later, the genocidal depopulation and devastation of the environment was total. According to de las Casas, "All the people were slain or died..." De las Casas estimates that in 40 years between 12,000,000 to 15,000.000 men, women and children were killed.

SACRED TREE IN HAITIAN VODUN

These men called themselves Christians. Their reason for the killing and destroying of so many souls was to acquire that precious metal, gold. Their "insatiable greed and ambition, the greatest evil seen in the world, is the cause of their villainies." Of course, when de las Casas wrote his account, he did not have the benefit we have, of witnessing the infinite greed and corruption of the corporatocracies which run the world today, bulldozing the forests of the Amazon, mining the gold of the Democratic Republic of the Congo and destroying the local environment while plundering Nigeria and other oil rich countries for oil.

Trees are the earth's lifeblood and ancient cultures were wise to recognize this. To this day many indigenous cultures worship trees or one specific tree. We know that the scientific method validates that all of Earth's creatures need trees because plants produce oxygen, which is the life-giving air we breathe. The energetic spirit in trees and plants connects us to nature.

In Avatar, the Na'vi worshiped the tree God Eywa, while in Haiti Vodouïstes worship Loco, the spirit of vegetation. The *Mapou* tree is known in English as either a silk-cotton tree or a Ceiba tree. In their holiest of ceremonies, the *Mapou* tree is central and represents the Vodouïstes' connection to the spirits which inhabit the tree. While the Na'vi summons the spirits by holding hands and chanting in sync, Vodouïstes use a *"Ason"* or sacred rattle for this purpose. Small offerings must be placed at the foot the tree or may be hung on the tree to tempt the spirit forward. Offerings include candles, coins, food and drapos (ritual flags).

The sacred Mapou is often seen as being personified in a respected or heroic figure in Haitian society. When such a person passes away, Haitians will bestow honor on them by saying, "un gwo mapou tombé" -- meaning "a giant [tree] has fallen."

191

Unfortunately, the "white savior" theme was evident in Avatar, and many people saw parallels to Tarzan of the Apes, the Disney animation cartoon Pocahontas and the Kevin Cosner opus, Dances with Wolves--but on a more positive note, Avatar emphasized our deeply rooted connection to each other and to nature. It is our sacred duty to protect the environment, because if we cannot, we are destined to perish from this Earth.

By Howard Zinn
Source: Voices of a People's History

G E D
Ma mère me parlait de cet arbre qui visiblement faisait peur à certains.
Il est beau ! C'est l'occasion de voir le film avatar!

A PJr
I saw the movie Avatar. I was not impressed. All these special effects got me lost in the story. The plot was kind of slow to engage the viewer. I have to confess that I tend to stay away from fantasy movies like this one. However, the graphics are great even if they kill the story.

E D
Seems familiar!

A P Jr
Yes Ezili. I am among a few, maybe, who did not like Avatar. I am referring here, strictly, to the movie itself. When it comes to the symbolism of the Mapou, I think we, who grew up in Haiti, are very familiar with its impact on our culture. It effectively exemplifies strength and resilience. Its usage is common in a metaphoric form to refer to great political figures and their achievements.
The message in Avatar is not new. It has existed since the early age of our civilization. Greed and egocentrism have lead to amnesia about the fact we have to

protect this earth because we are deeply bound to it. Although the awareness is there (ecology), there are a lot of obstacles embodied by the interests of "Big Business"

N D
Merci Hervé ; sa fèm sonje milye pye Mapou mwen wè mwen manyen en Ecuador, nou ka repeplé... mèsi pour l'inspiration, j'avais oublié....

A S
It amazes me to see how most reasonable folks seem to generalize the actions of a few. Greed, which is the motive behind expansionism, is not a natural trait. It is nonexistent in the animal kingdom. While some may challenge this notion when it comes to Human interactions, we still have many historical facts to prove the contrary. The Africans have had contacts with the Americans thousands of years before Columbus and there were no conquistadors; therefore, no genocide.

Examining the archeological relics of the time, one can deduct this encounter, although not as brief as the Vikings' around 490 AD., was so cordial that the Americans believed the Africans were gods. This belief coupled with an eventual return of the "gods", albeit erroneous, proved to be disastrous by the time of the conquistadors in 1492.

Avatar can be seen in many divergent ways: as a confession, a justification, and at best, a warning of things to come. It even mentions a certain country which, coincidentally, happens to be on the Imperialist's radar: Nigeria. One may argue of the merits of Avatar but two points remain irreversibly true: Hollywood is a precursor of things to come, and if we, the Na'vi of the world, are awaiting a Tarzan for salvation (in all aspects of the word) our future is sealed.

H F-L
@ Margueritte - I'll post the link on my page. It's a great Oped and people should definitely be more informed. Thanks for sharing!
Kenbe la Nadine, lan de semèn nap wè Montréal

R J-B
It is indeed the sacred tree that most indigenous people honor. I was pleasantly surprised to see how "much" this movie turned out to be.

M S
Thank you Hervé, where can one learn more? I remember the Mapou on my family's property; much respect was paid to that tree...

Face au Vodou

H F-L
Le vodou, en Haïti, est un héritage africain. Le vodou est un système de croyance qui a été pratiqué et maintenu dans la clandestinité durant la période coloniale. Bien que l'Haïtien se soit libéré des chaînes de l'esclavage, il ne s'est pas encore ouvertement prononcé sur sa libération spirituelle.

Le mot vodun est un mot sénégalais qui signifie « esprits » -culte des esprits-. Le mot Vodu signifie Esprit – *Bondye*. Puisque le noir venu d'Afrique a été diabolisé, la langue africaine a également été considérée comme un référant démoniaque.

A son arrivé en Haïti, l'Africain véhiculait une croyance et un langage africains. Ce n'est qu'après son baptême forcé dans le catholicisme qu'il a pu garder, dans le marronnage et pour éviter les cruautés de son maître, les mémoires de la culture ancestrale. Au lieu de respecter les lois naturelles d'origines africaines, il devait s'agenouiller devant l'image d'un saint catholique blanc, qui devenait dorénavant son loa par appropriation. C'est de cette expérience que plusieurs pensent aujourd'hui qu'un vodouisant confondra une image de saint Patrick à Dambalah Wedo, Loa ou dieu de la fécondation ou d'une image de la Madone remplissant les rôles attribués à Aïda Wedo (Metrès Lakansyièl), loa ou déesse de la régénération ou de Metrès Ezili, symbole de l'amour.

Considérons le Vodou comme culture ancestrale d'où transpire une religion non organisée. Le docteur Louis Maximilien le définit comme une : « Religion constituée de rites divers et très anciens, organiquement liés par des idées métaphysiques encore vivants en Haïti. […] »

Le Petit Robert (Grand Format 2006) le définit comme : « Culte animiste originaire du Benin, répandu chez les Noirs des Antilles et d'Haïti, mélangé de pratiques magiques, de sorcellerie et d'éléments pris au rituel chrétien. » En définissant ces trois concepts : animiste, magie et sorcellerie, le Vodou devient : « Principe spirituel de l'homme qui pratique des choses efficaces et incompréhensibles possédant l'art de produire des phénomènes inexplicables ! »

Le Vodou pour plus d'un, est une culture expliquant l'existence à partir d'un créateur qui régit tout le visible et tout l'invisible. Il existe une tendance à croire qu'Haïti sans le Vodou est comme le Vatican sans le catholicisme. Puisque le Vodou est l'essence de la paysannerie, mieux connaître le Vodou c'est connaître Haïti en profondeur.

Réf : Face à Face autour de l'Identité Haïtienne, p. 207 -
Hervé Fanini-Lemoine

J L Sr.
Le vodou, le tambour et le *ra-ra* sont dans notre sang. *ayii bo bo.*

F A
« La libation sacrée du vodu haïtien »

C S
Ayibobo !

M Z
Intéressant Hervé ! Where can I find your book?

M P
Ayi bo bo !

H F-L
A Mireille - Click on this link and you're all set. https://www.createspace.com/3397066 - then AD to basket

D M
If all of us could only be so clear about this, Ayiti would be so far! Keep these truths coming brother!

H F-L
Je m'excuse Ferdy, mais je ne comprends pas ce que tu veux dire par : « La libation sacrée du vodu haïtien. » Pouvez-vous nous expliquer un peu car le Petit Robert donne une définition qui semble rendre ta riposte un peu figurative :
« La libation sacrée du vodu haïtien » - Libation, mot antique qui signifie action de répandre un liquide (vin, lait, huile) en l'honneur d'une divinité. Les Grecs et les romains (qui nous ont donné les religions modernes) faisaient des libations lors des sacrifices. 2.- (1750) Faire des libations, de joyeuses libations : boire abondamment (du vin, de l'alcool). - Le Petit Robert Grand Format -2006

H F-L
I am trying, Danielle; you know how it is!

J D
Gwo kout shapo pou wou Hervé pou konesans wou sou kilti nou. Vodou se relijyon natirel Aysien natif natal.... Evidemment, chacun est libre d'adopter d'autres croyances.

M A T
Je considère le Vodou non pas comme une religion mais comme un mode de vie. Que nous le pratiquions ou non, nous en subissons tous, l'influence. Respect !

T L H
MALOU, AYIBOBO !
        Exactement mes propres pensées. Il fait partie intégrante de nous-mêmes, que nous le croyons ou pas, au moins Respectons-le ! Bonne journée de Ti Jean Dantò !

M A T
Respect.

Ce travail, « Mémoire », est super important et maintenant plus que jamais. Ce sont les descendants de ces sauvages qui faisaient subir des atrocités aux Indigènes que l'on appelle de nos jours « Civilisés »...
Fay Camille.

-15-

BARTOLOME DE LAS CASAS

Bartolomé de Las Casas est né à Séville en 1484. Il a quitté l'Espagne à l'âge de 18 ans à destination du Nouveau Monde, où il a participé à la conquête de Cuba et fut témoin des premiers horribles massacres des colons espagnols dans une communauté indigène. Il se convertit à la prêtrise et rejoint l'ordre dominicain. Après avoir été témoin de tant de cruautés et d'atrocités de la part de ses compatriotes Espagnols sur les indigènes, en 1542, il écrit un livre pour dénoncer les crimes et les sauvageries commis par ses « compadres ».

En dépit des murmures de protestation des réactionnaires catholiques de la fin du 19e siècle dans une tentative d'explication de la destruction des indigènes du Nouveau Monde et pour racheter la complicité indéniable de toute l'Europe dans les conquêtes espagnoles en tant qu'aberration passagère dans l'histoire de cette Nation [...], Las Casas a été considéré comme « une expression authentique de la véritable conscience espagnole. »

Comme tout autre colon, Las Casas, lui aussi vivait du travail forcé des indigènes qui lui ont été donnés comme esclaves par le Gouverneur Nicolás de Ovando. Bien que ces indigènes n'aient pas vécu dans l'habitation de leurs maîtres, ils étaient des esclaves virtuels, une pratique connue à l'époque sous le nom de « encomienda. »

Le dimanche qui précéda la fête de la nativité de l'année 1511, la communauté espagnole de Quisqueya, renommée Española par les conquérants, eut un choc extrême; la nouvelle de la conversion de Las Casas comme prêtre colonial pour devenir un apôtre de la cause indigène choqua son entourage. Il est dit qu'en plusieurs occasions, Bartolomé de Las Casas essaya d'informer les dignitaires de la couronne en les avisant des destructions et des violences inutiles sur la population indigène :

« [...] *la perte de leurs terres, la mort violente des habitants indigènes et la façon par laquelle les Espagnols, dans leur avarice, les massacrèrent* [...] »

Le roi Ferdinand, pour qui les Amériques représentaient juste quelques territoires insignifiants pour sa majesté, référa la plainte de Las Casas au « Président du Conseil des Indiens », Juan Rodriguez de Fonseca, bishop de Burgos, un homme en qui Las Casas n'avait aucune confiance. Lorsque Fonseca reçut les rapports sur la mutilation de sept miles enfants en trois mois à Cuba, il répliqua : « en quoi cela me concerne-t-il ? »

L'île Quisqueya a été le premier témoin de l'arrivée des européens et le premier à souffrir de la grande boucherie de ses peuples, de la dévastation et de la dépopulation de la terre. La raison pour laquelle les chrétiens ont assassiné sur une si grande échelle et tué tout ce qu'ils rencontraient sur leur chemin était purement par avarice ; s'est lamenté Las Casas. Et il ajoute : « Le peuple autochtone n'a jamais causé de torts aux Européens ; au contraire, ils les ont considérés comme des êtres descendus des cieux »

Les Chrétiens, aux dires de Las Casas, ont infligé les traitements les plus redoutables à ces gens qui voulaient les aider et qui étaient prêts à les servir. Les Espagnols, à leur arrivé dans l'île, ont envahi les habitations des indigènes et perpétrés les crimes les plus abominables sur tout ce qui était en vie: adolescents, vieillards, femmes enceintes et enfants.

Ils n'épargnaient personne. Ils érigeaient particulièrement de larges gibets sur lesquels ils ficelaient leurs victimes la tête vers le haut les pieds ne touchant presque pas terre et les brûlaient treize à la fois, en l'honneur de notre sauveur et des douze apôtres.

Lorsqu'il s'agissait d'un chef ou d'un noble, « Ces brutes s'amusaient à les attacher sur une sorte de gaufreuse de bâtons reposant sur des fourches enfoncées dans le sol et les grillaient par dessus un petit feu, les faisant ainsi hurler dans l'agonie du désespoir, les laissant ainsi mourir d'une mort lente et prolongée ».

Dans d'autres occasions, « des chiens entraînés dévoraient un indigène à mort sous les yeux des autres, le déchirant en lambeaux et jetant la peur parmi les autres; ces chiens étaient à l'œuvre dans beaucoup de carnages ». Et pour prévenir toutes représailles de la part des indigènes, les colons Espagnols s'étaient entendus sur un accord officiel interne, selon lequel pour chaque Européen tué, 100 indigènes seraient exécutés [...] Lire la suite ...

Hervé Fanini-Lemoine
Face à Face autour de l'Identité Haïtienne, p. 56

C S
Mwen genyen liv li a!!! Se yon mesye mwen konnen byen ! Men premye « holocaust » la !

H F-L
lol - Klo

C S
« ...en l'honneur de notre sauveur et des douze apôtres.... » *Lage'm pou'm pale* ! @#@#!

G E D
Ce fut vraiment l'horreur dans toute sa splendeur, je me demande toujours comment les humains peuvent ils être aussi cruels !!!

J C J
Thanks 4 sharing!

P G
Je n'ai pas encore lu l'ouvrage ; Je vais me le procurer.

M L
Une page d'histoire bien triste !

M A T
Il est temps d'envoyer le livre en Haïti. Aujourd'hui j'en parlais à Claude Deschamps de la librairie « J'imagine » Henry Deschamps. En attendant d'avoir le plaisir d'assister à la signature-vente, je partage ton texte instructif et enrichissant. Il y a des facettes de Las Casas qui sont encore inconnu du grand public. Merci pour le partage. Respect.

H F-L
Merci MAT. Je t'appelle, on en discute. A bientôt.

A P
Salut Hervé
Je te félicite pour ce rappel de l'histoire, de notre histoire, de l'histoire de cette terre qui nous a vus naitre et qui a aussi vu naitre et grandir nos grands-parents et nos aïeux. J'espère que tu ne vas pas t'arrêter là : les atrocités de ces civilisés ont continué. Tu raconteras ce que les français nous ont fait subir lors de notre guerre d'indépendance par l'entremise de Leclerc, de Rochambeau et de leurs armées. Encore plus près de nous, tu n'oublieras pas non plus le massacre des paysans haïtiens perpétré dans le Sud d'Haïti par les américains au moment de l'occupation. Continue ton travail de rappel.
Bonne nuit.

M A T
Inutile de chercher bien loin la Genèse de cette haine véhiculée lors de la révolte des esclaves

P G
En effet, les traumatismes ont la vie dure et malheureusement nous ne sortons pas de ce cycle !

H F-L
@ Andros - Il existe un livre publié par C. L. R. James - Jacobin Noir- qui illustre pas mal de ces atrocités.

On s'en sort, Patrick. Malheureusement à chaque pas en avant, nos élites conspirent à notre rétrograde - cinq pas en arrière!

F C
Ce travail, « Mémoire », est super important et maintenant plus que jamais. Ce sont les descendants de ces sauvages qui faisaient subir des atrocités aux Indigènes que l'on appelle de nos jours « Civilisés »...
Le moment est venu de dire les Vérités non dites en ce début de nouvel Ère.
Bon travail Hervé et merci pour ce livre.

H F-L
Merci Fay !

F N
Hervé, je te remercie. Bien que pénible, il nous faut pouvoir regarder ces faits historiques, avec le détachement nécessaire, sans passion pour pouvoir en tirer les leçons. Il est ironique que nous voici, beaucoup d'entre nous, produits de l'éducation catholique, des années plus tard, essayant de dresser un bilan de la religion catholique et du rôle qu'elle a joué dans la colonisation et le système esclavagiste.
Mon souvenir de Barthelemy de Las Casas, comme présenté durant mes cours d'histoire, est celui du

prêtre, bénévole, tout-aimant de ces « indiens » qui aurait suggéré les noirs d'Afrique comme étant plus aptes au type de travaux-forcé imposé par leurs bourreaux venus d'Europe.

Même dans l'enseignement actuel de l'histoire, nous continuons à perpétuer ce mythe. La majorite de nos enseignants le fait parce qu'ils ne connaissent pas les faits eux-mêmes.

Ton livre, je souhaite, sera, (devrait être) une lecture recommandée à tous les niveaux: étudiants, enseignants et élite intellectuelle. Continue à faire jaillir la lumière sur ces faits irréfutables pour aider a contrecarré le « *whitewash* » criminel qui nous maintient dans notre état de servitude.

H F-L
Kenbe fèm, Fanfan!

R G
Merci Hervé pour ces informations si importantes à nous en tant que peuple qui continue encore à souffrir de ces actes barbare. Ca fait pitié de voir des gens agir de la sorte. *Slow cook a human being* ! Wow!

J'espère retrouver un exemplaire de ton manuel ici à Atlanta.

*Men se sa kretyen yo fè moun kwè, nous sommes nés
avec le « pêché originel », c'est ça la colonisation ; nous
faire croire que nos croyances et nos traditions sont sales*
Nadine Dominique

-16-

EXPANSION OU RÉTRACTION DU CATHOLICISME !

Le Christianisme, à travers ses trois principales branches, le Catholicisme, l'Orthodoxie et le Protestantisme, représente aujourd'hui près deux milliards d'individus, soit le tiers de l'humanité. D'après les chiffres du Vatican, la moitié des chrétiens, plus d'un milliard en 2003, seraient catholiques. 49.8% des membres de l'Église catholique se trouvent en Amérique latine, tandis que l'Europe, lieu de son expansion initiale, ne compte que 25.8% des baptisés ; l'Afrique 13.2%, l'Asie 10.4% et l'Océanie 0.8%. Mais c'est en Afrique que le Catholicisme connaît actuellement sa plus forte croissance avec plus de 4.5%. De l'avis de l'ensemble des spécialistes, l'avenir du Catholicisme se trouve dans les pays du Sud. Bien que les chiffres du Vatican soient souvent contestés parce que probablement gonflés, ils en disent long sur le déclin de la spiritualité classique et séculaire en Occident. Avec 87% de ses adeptes dans les pays de l'hémisphère sud, le Catholicisme est aujourd'hui une religion du tiers-monde. Au grand dam de personnages comme Silvio Berlusconi, pour lesquels le Catholicisme est la religion de l'Occident, sous-entendu de la race blanche. Et la survie de cette religion dépend entièrement de sociétés considérées précisément comme « inférieures ».

Les missionnaires qui l'ont apportée en Afrique n'ont donc pas cherché à la partager, mais à l'imposer. Ils n'ont jamais essayé de comprendre la spiritualité africaine ni d'adapter la religion chrétienne aux cultures du continent noir. Bien au contraire, ils ont jugé et condamné l'animisme comme véhicule du paganisme et cause de la « sauvagerie » des Africains. Parlant du Salut de ces païens, le point de vue des missionnaires se traduisait ainsi :

La foi ne requiert ni liberté, ni compréhension, puisqu'on a affaire à des êtres mineurs, dégradés et à des instruments des forces du mal. La contrainte est permise, voire recommandée [...]

Ref: Face à Face autour de l'Identité Haïtienne, p. 121-158, Hervé Fanini-Lemoine

J C J
Très instructive surtout que la religion n'est pas mon fort... Merci Hervé !!!

R J-B
There are those who will read this and say, "so what"? Others will read and not understand, and there are those few who will read and will understand that our eyes have been veiled for far too long and will awaken and see with their own eyes, maybe even their third eye once and for all. Thanks darling for your hard work, your patience and not giving up on sharing this knowledge.

G E D
Partager sa foi requiert plutôt du bon sens, de la compréhension et toute la sagesse divine. Le cœur de l'homme est mauvais et ce, depuis son apparition sur terre.

Sous couvert de la religion certains ont profité pour imposer toutes sortes de doctrines et autres. En aimant Dieu, en s'aimant soi même on ne peut donner que ce que l'on a de meilleur. Mais c'est tout un processus !

N D
Men wi! Kite jouda yo pale ! Le jour où les enfants qui ont été abusé, torturé dénonceront les abus subi des mains des colons chrétiens en Afrique et en Amérique Latine, le Vatican tombera. Attention !!! *veye yo, bare yo, kenbe yo gen lalwa pou sa !!!* Avez-vous vu la manifestation en

Allemagne après que le Pape ait été accusé d'avoir camouflé un scandale ??? Recherchez sur Google et vous verrez!

H F-L

Gloria, pourquoi dis-tu ou penses-tu que « le cœur de l'homme est mauvais et ce, depuis son apparition sur terre ?» Et en suite je parlais ici d'expansion du Catholicisme, pas de croyance !

Dans un temps où la connaissance est accessible à tous, pour ceux qui cherchent la vérité, il devient évident que seul les « bons brebis » resteront en pâturages !

N D

Men se sa kretyen yo fè moun kwè, nous sommes nés avec le « péché originel », c'est ça la colonisation ; nous faire croire que nos croyances et nos traditions sont sales. Bref, *m pap kontinye sou sa m ka fè kòlè...*

H F-L

Lol, Nadine!

G E D

@ Nadine - En tant que chrétienne je n'ai jamais compris les choses comme ça, ne te mets pas en colère, ce n'est pas bon pour la santé !! Lol

L'histoire de l'humanité, démontre que les cœurs sont mauvais, blanc, noirs, etc.

Hervé, j'ai mélangé expansion et croyance, croyant que tout était lié. Je me suis trompée.

H F-L

Ne t'en fais pas Gloria. Je te comprends. Je n'ai aucune intention de discuter de croyance. Je refuse de le faire tout simplement parce que chacun est libre de ses actions et de ces choix. Par contre, moi aussi, j'ai le droit de présenter les facettes oubliées ou omises.

G E D
Mais c'est ce qui est bien ! Chacun s'exprime en tenant compte de la croyance de l'autre. Merci pour ces moments de partage et bisous à toutes et à tous.

N D
M ta mouri deja !!! hi hi hi e poutan m la pirèd - hi hi hi sa ki pi enpòtan ou pa gadel. Al chèche enfòmasyon sou kisa kretyen yo fè pou konvèti moun sou latè an, w a konprann. M ale.

C S
Onè-Respè pou tout kwayans ! Mwen ta renmen TOUT moun wè li konsa, men lè se ak fòs epi menas pou konvèti nan non sipozeman « prince de la Paix », la-a mwen pap janm konprann ke se yon grenn chimen ki mennen nan « paradi » ; mwen plis pa konprann. Pa dyabolize pa'm la mwen pap kritike pa w la. Chak moun pran chimen yo vle depi yo respekte dwa tout moun entegralman a lavi- ak libète- ak jistis-. Nou pa volè, nou pa touye, nou pa malpansan-maldizan sou do zòt ! Nou respekte latè ak inivè-a. Nou tout beni epi sa se nan tout kwayans ki vre ak tèt li ! AYIBOBO !

H F-L
Wap depoze Klo; Respè!

D M
Sa k pi rèd se entelektyèl nou yo (anpil dan yo) k ap mache pale peyi a mal epi di tout vodouyizan se demon. Nou konnen byen kilès ki demon yo. Se pa nou ki te enpoze esklavaj ni enpoze okenn dan kwayans nou yo.

J D
Now we know most of the lies and some of the truths. The veil is being lifted. Awareness is right at your door steps; just grab it for a better world.

M A T

J'aime, je partage ; merci ami.

D L

Remise en cause fondamentale!

M V

Le Catholicisme est une Confession du Christianisme, représenté par l'Eglise Catholique et ses Institutions. Les Dogmes et les Préceptes se fondent sur l Ancien et le Nouveau Testament, et je ne vois pas en quoi la Chute du Pape, changera quoi que ce soit. Quand aux Abus, il y en a eu dans toutes les Religions. Le nombre de Catholique augmente dans les mêmes Proportions, que la Population Mondiale.

M A T

Pratiquer un ministère ne fait pas d'un prêtre un saint. Dans toutes les religions il y a des scandales. Dieu n'as pas créé les religions ; Il nous demande seulement de l'accepter dans nos vie. Catholiques, Baptistes, Protestants, les hommes portent la guerre chez les autres pour asseoir soit disant leur croyances, ou de devenir complices de génocides par lâcheté ou par sympathie.

Le pardon ne saurait guérir les traumatismes subis par les viols des prêtres catholiques.

Il est difficile de demander à un ancien esclave d'embrasser la religion du colon. Vatican ou pas, la seule omniprésence est celle de Dieu.

C S-Le M

25% des baptisés ne font pas 25% de catholiques en Europe : je le suis et suis athée. Cette façon de compter est de l'imposture.

H F-L

Maggie, as-tu au moins un moyen de vérifier cette augmentation ? Le Québec, grand centre Catholique d'antan à presque la moitié de ses Églises en vente. La

France passe à une rapidité énorme de laïcité. Chez nous, en Haïti, il y a une augmentation du protestantisme au détriment du catholicisme. Explique un peu l'origine de cette augmentation.

Je remarque que chacun est entrain d'expliquer, de consolider, de présenter un point-de-vue de croyances. Je sais que c'est un sujet qui touche la sensibilité. Mais par considération pour chacun, j'ai simplement parlé d'Expansion ou de Rétraction du Catholicisme. Pas de mention de croyances!

Maggie pense que le Catholicisme est en expansion et elle a donné une raison; alors, que pensez vous et pourquoi?

M V
Pour répondre à ta Question Hervé, c'est dans le BRITANNICA BOOK OF THE YEAR que j'ai appris que le nombre de Catholique, dans le Monde est Stable, avec un milliard de Baptises, dont plus de 600 Millions, pour le Continent Américain et 250 Millions en Europe. Ces Données englobent les 10 à 12 Millions, de Catholique Orientaux Uniates.

Pour Finir Hervé, la Religion qui Mettra fin au Catholicisme n'est pas encore à l'ordre du Jour, car les difficultés de la vie poussent les gens à chercher des secours en priant sans même connaitre le bien fondé de la religion, qu'ils se disent appartenir. En un mot, la Religion de nos jours est devenu une Source de Revenu Rentable à ceux qui ont de l'audace ; et la capacité théâtrale de convaincre. Même toi et moi pouvions avoir notre Eglise. On a juste à trouver le nom d'une Religion ; et pourquoi pas « FB Croyance » ?

C'est juste un peu d humour.

F C
Malgré tout, une nouvelle conscience est en train de voir le jour et cela va aller crescendo car beaucoup plus de gens que l'on ne le croit ou non, cherche à comprendre.

Nous avançons à grand pas vers un nouveau Monde dénué de mensonges et de manipulations en reconnaissant le Dieu Unique sans fards avec la simplicité de la Vérité.

C S-Le M
En tous les cas, même en Bretagne, les églises sont vides !

J M A
Le temps est révolu, tout le monde est en quête de nouvelles connaissances.

H F-L
Au Québec aussi Christine, les Églises Catholiques sont en vente !

M G
Elles sont rénovées en condo !

H F-L
:) – Maggy !

A M
Vous avez dit Catholique, Une fois que les parents ont fait baptiser leurs enfants, sont-ils automatiquement catho ? Mais quelqu'un connait-il le nombre des non pratiquants ?
C'est normal que le catholicisme trouve encore son terreau dans les PMA, il constitue l'opium des crève-la-faim, des désespérés et des sans voix qui, corps avec le bon Dieu, restent résolument sourd et muet dans sa bonté et son omniprésence ! Amen !

Ta description de BAKA appartenant au folklore haïtien c'est bien cela ; le reste est du nouveau pour moi. C'est très intéressant.

Nancy Turnier Férère

-17-

BAKA

———

Le Savoir n'est qu'une perception de ce que peut être la réalité !

[...] Dans le folklore haïtien, un Baka est un être grossier, la hauteur d'un nain, qui surveille les maisons ou des trésors. L'on dit, le plus souvent, qu'il est méchant mais, aussi, peut donner la richesse, etc.
Dans la tradition Africaine, Ba signifie spiritualité et Ka matérialité. Baka est le concept des fils d'en haut et d'en bas.....
Dans la tradition ancestrale, en Haïti, il semble exister trois types d'énergies qui, avec le corps physique, composent l'être humain. En langage Vodou Khémit, ces énergies sont appelées le BA ou *Gwo-Bon-Anj* (Force créatrice ou Source d'Energie) ; le KA ou le *Mèt-Tèt* (la Force Cosmique double, l'Esprit Gardien) et le AB, Ti-Bon-Anj, (la Conscience, l'égo.)
Le BA peut être aussi expliqué comme la force vitale de l'âme qui transmet l'énergie Créatrice/Source d'Energie qui en Vodou marronné s'appelle *Gran-Mèt* ou *Bondye*. Les personnes qui ont une bonne relation avec le BA sont protégées et sont remplies de grand pouvoir spirituel (ASHE). Elles vivent en totale symbiose avec le BA dans leur conscience et sont douées de pouvoir prophétique, de divination et de guérison. Ces individus peuvent développer leur Sagesse et leur Spiritualité à un très haut niveau.
Le KA est l'esprit qui personnifie la force jumelle Cosmique de l'être humain que la tradition Vodou appelle LOA. Le KA ou loa peut être considéré comme « mère », « père » ou l'esprit gardien qui influence l'humain depuis la naissance. La majorité des traditions ancestrales africaines, ainsi que toutes les traditions shamaniques, exécutent des cérémonies pour créer une relation avec le

BAKA

KA. Les traditions africaines enseignent que le KA exerce une plus grande influence dans l'existence d'une personne, grâce aux offrandes qu'elle lui offre [...]
Qu'en pensez-vous?

Réf : Hervé Fanini-Lemoine
Face à Face autour de l'Identité Haïtienne, p.264

M L
Intéressant !

E S B
Très intéressant !!!!

H F-L
:)

J C J
Wow! Ancestral sin using BAKA to refer to a grossier...
T.Y.

G E D
Pourquoi pas ? Ce serait comme le Ying et le Yang! Je me demande si nous tous haïtiens, comprenons BA KA dans ce sens là ?

R B
Cela me fait penser au Bo du Tibet qui fait parti du Buddhist Tibetan.

H F-L
Hélas, tant de contradictions dans notre culture, malheureusement ! C'est infortuné que dans ce siècle, d'illumination, notre conscience ne se soit pas encore apprivoisée. Le mal affligé contre les africains au cours des 15ᵉ et 16ᵉ siècles a malheureusement conditionné la mémoire haïtienne pour que nous soyons encore l'esclave du blanc. Puisque l'Africain a été diabolisé dès son

arrivé en terre étrangère, tout ce qui est africain est encore de nos jours diminutif, dégradant et détériorant.

Tout ceci peut être corrigé pour vue qu'une décision d'Etat puisse imposer une nouvelle définition à ce que nous a été dicté par l'instruction religieuse ; ce qui n'existe pas pour l'instant. Pour l'avenir … ?

J D

« Tout ceci peut être corrigé pour vue qu'une décision d'Etat puisse imposer une nouvelle définition à ce que nous a été dicté par l'instruction religieuse. »

Cette citation que je fais à partir de votre prélude, est pour vous dire que l'idée me laisse perplexe. Je ne vois comment l'état (non totalitaire) pourrait s'en prendre à ce phénomène de l'autodénigrement d'une race ?

H F-L

Je vous comprends Mr. Dauphin, mais seul l'Etat peut faire changer la façon dont l'Education est prescrite en Haïti. Si vous n'êtes pas au courant Mr., la France cautionne l'Education haïtienne à environ 50 millions d'Euros par année budgétaire; je ne pense que c'est pour apprendre aux Haïtiens que la Civilisation dont l'Europe en bénéficie aujourd'hui vient de l'Egypte, une civilisation colonisé par les Nubiens (Nègres). L'Europe a tout fait pour nous faire croire que ces colonisateurs d'antan étaient tantôt « Blancs » et plu tard, « Extra Terrestre ».

Pour que la « Famille » puisse donner une bonne éducation à ses enfants, Mr Dauphin, il faut que ces Familles aient acquis une connaissance approfondie de la réalité, non de la perception d'une réalité.

Il faut avoir pour donner et connaitre pour éduquer, car vous ne pouvez donner que ce dont vous avez et transmettre rien que ce que vous connaissez.

J D

C'est vrai tout ce que vous dites, Mr Hervé. Toutefois, j'ai voulu porter emphase sur l'amour-propre qu'au jeune âge on cultive et qui permet à la personne d'accepter sa physionomie en dehors des concepts erronés de la beauté, tout en développant de vraies valeurs.

H F-L
Je suis d'accord avec Mr Dauphin; absolument correcte.

N T F
Ta description de BAKA appartenant au folklore haïtien c'est bien cela ; le reste est du nouveau pour moi. C'est très intéressant. Depuis que je t'ai rencontré sur FB, j'apprends du nouveau. Je te remercie. :-)

H F-L
Merci Nancy; j'ai beaucoup appris de toi et de Gérard. A moi de vous remercier.

P S
Voici un autre « baka". Thanks for making this discussion possible.
http://en.wikipedia.org/wiki/Baqaa

On peut étudier le cerveau haïtien. Guy a raison et toi aussi Hervé. Il ne s'agit pas du cerveau en fait- Il est composé de neurones de synapses et d'enzyme- Il s'agit surtout du « mind » à défaut de l'esprit qui renvoie à un état plus complexe. Il existe déjà plusieurs méthodes pour aborder le travail.

Roland Bastien

-18-

EST-IL POSSIBLE DE RÉPARER LE CERVEAU HAITEN ?

[...] Lorimer Denis, professeur à la Faculté d'Ethnologie de l'Université d'État d'Haïti, vit en Dessalines un sauveur : « Dessalines est le Christ d'Haïti [...] Dessalines, comme le Christ représente le symbole de la liberté. Il est l'homme du Refus. Refus de sa condition d'esclave et de celle de ses concitoyens. Il est un rebelle, un vrai *Nèg Mawon* [...] Farouche refus de l'inégalité sociale régnant alors à Saint-Domingue. »

Le professeur Leslie Manigat expliqua l'idéal dessalinien comme ce rêve de parfaite réconciliation entre deux classes d'hommes nés pour s'aimer, s'entraider, se secourir, se mélanger : « Noirs et jaunes [...], vous ne faites aujourd'hui qu'un seul tout, une seule famille. » Et dépassant les clivages, il s'entoura de mulâtres instruits pour mettre en œuvre la nouvelle direction, conclut-il.

N'étaient-ce la vision et la ténacité persévérante de ces révoltés, le monde ne serait-il pas encore soumis à la servitude enchainée des colonisateurs? Pourtant, certains historiens haïtiens semblent appuyer l'idée que Dessalines était un tueur de « blancs » ; sans tenir compte du fait que Polonais et Allemands, comme les Africains, étaient devenus eux aussi citoyens haïtiens en Haïti, suite à la révolution de 1791-1803.

Le temps n'est-il pas venue pour que ceux qui se disent historiens, en Haïti, pensent à consulter d'autres documents qui leur permettront de rédiger une « Histoire d'Haïti » qui puisse affranchir l'Haïtien?

Réf : Face à Face autour de l'Identité Haïtienne, p.8 ; 71 ; 78 - Hervé Fanini-Lemoine

M L
Bonne conclusion.

G E D
Je ne suis pas à même de mesurer l'impact que peut avoir l'histoire d'Haïti sur l'Haïtien en général, je laisse le soin aux spécialistes de répondre. Toutefois, L'Haïtien a besoin d'être affranchi, transcendant ses difficultés afin de retrouver cette liberté pour s'épanouir pleinement.

G-E F
Bonjour Hervé. Une autre question d'examen, émanant de tes écluses. Je pense que la réparation du cerveau haïtien exigerait une considération clinique individuelle, consommatrice d'un temps indisponible. Cependant, pour se livrer à un processus de réhabilitation du cerveau haïtien, il faudrait en faire la sociologie de sa mentalité, laquelle est souvent suicidaire. Je me range à coté de Gloria en attendant le verdict des spécialistes sur cette question d'affaires importantes.
Hervé, fier que tu sois toujours sur la balle.

H F-L
Très bien dit, Gloria et Guy ! Une autre question peut sortir en vous lisant: existe-t-il des scientistes Haïtiens qui puissent s'aventurer à nous éclairer ?

Y G
Unfortunately, there are a few Haitian people who view Dessalines as a monster rather than as a hero. They do not understand that the real monsters were the "*kolons*" who enslaved and raped our fore-parents. If you were to tell these Haitian people "*kolon gèt manman w*", (may the kolon rape your mother), they would probably feel honored. I do not know how to repair such a distorted brain.

H F-L
That's deep Yvrose! :)

L B
De nouvelles conditions de vie, de nouveaux « Hommes » ; changer de panorama... !

C D
Education is the key to freedom.

R B
On peut étudier le cerveau haïtien. Guy a raison et toi aussi Hervé. Il ne s'agit pas du cerveau en fait- Il est composé de neurones de synapses et d'enzyme- Il s'agit surtout du « mind » à défaut de l'esprit qui renvoie a un état plus complexe. Il existe déjà plusieurs méthodes pour aborder le travail.

Durant mon training dans des monastères Budéistes à Vancouver, Thaïlande et Taiwan, j'ai exploré ses méthodes et je suis conscient du labeur que cela demande, mais cela est possible.

M A T
Ayant connu les pires souffrances et les humiliations les plus cruelles dans sa mémoire collective, il est nécessaire de donner enfin à ce peuple un soutien décent, loin des chantages et des illusions des faux amis, pour qu'il ait confiance.

Donnez à l'haïtien l'eau potable, les soins hospitaliers, l'éducation, l'éradication de la Malaria et du Paludisme, des gouvernants responsables, et surtout stimulez son sentiment d'appartenance en lui conférant une certaine sécurité dans la Cité et vous serez étonné de constater les changements sociaux chez ce peuple hautement cultivé.

Vous intellectuels soyez tolérants, nos jeunes cerveaux captent très vite les informations offertes par l'Occident. Nous avons actuellement des surdoués qui cherchent désespérément des bourses. Un cas an ma possession, venant d'un milieu déshérité, Julien, dont la plus mauvaise note est un 90/100 pour les deux Baccalauréats.

Il ne manque rien à notre cerveau qu'un peu de compréhension et une assistance correcte et dans la dignité pour que ce peuple se réveille et qu'Haïti redevienne la Perle. Il existe des bons et des médiocres partout dans le monde. Haïti n'a pas le monopole de la bêtise. Soyons fiers de faire partie d'un peuple qui a étonné une fois de plus le monde par son humanisme. Respect.

H F-L
@ Alice - Tu parles du cœur et c'est adorable. Le travail que tu fais est formidable et j'ai beaucoup d'estime pour toi. Par contre, l'un n'empêche l'autre. Je pense que par les idées, un peu partout, aujourd'hui, nous permettront de mieux préparer les adultes de demain ; ainsi, l'on réfléchira sur nos actions irréfléchies.

M A T
@ Hervé - En effet, je parle du cœur et j'ai toujours agit avec ma tête et mon cœur quand il s'agit de mon peuple. Adorable peut être péjoratif ou un peu enfantin mais ton opinion est acceptée.

Quant à moi, je suis à me battre sur le terrain et la lutte de tous les jours se base sur la dignité à respecter et l'effort à fournir pour que les Haïtiens ne soient pas considérés comme des malades que l'on soigne sans vouloir qu'il sorte de l'hôpital.

Nous ne sommes en rien moins que les autres. Nous comptons, malgré l'analphabétisme, le taux le plus élevé d'écrivains valables et publiés dans la Caraïbe. J'accepte toutes les critiques mais je suggère qu'elles soient accompagnées de suggestions rationnelles et variables pour Haïti. Je ne m'inquiète pas beaucoup pour les adultes de demain car les jeunes font montre d'un Nationalisme que notre génération n'a pas prôné, malheureusement. D'où la nécessite pour nous de parler d'avantage de nos Héros et de ceux-là qui brillent par leur intelligence à l'étranger. Respect.

H F-L
D'accord Alice.

J C J
Hervé, Mr. Lorimer Denis fut le professeur d'histoire de mon père. Parlant du vodou, voici ce qu'il eu à dire dans sa conclusion d'une conférence prononcée à la Mairie de Port-au-Prince : « Une telle religion ne devait pas avoir la vertu de provoquer votre sourire car elle représente cette mystique dont le dynamisme enfanta 1804. »
Thank you so much for sharing Hervé!

H F-L
That's correct, Carmel.

M A T
Ton livre est-il en Haïti, si oui, où ?

H F-L
Pas encore Alice, mais bientôt à « La Pléiade »

M A T
Puis-je suggérer que tu en mettes aussi à la librairie Deschamps qui s'appelle « J'Imagine » ; elle est très fréquentée.

H F-L
Merci Alice, je ferai le nécessaire.

A P Jr
Je crois que tous les acteurs et artisans de notre indépendance ont œuvré à l'œuvre de 1804 parce qu'ils étaient des rebelles, de vrais « *Nèg Mawon* » qui refusaient farouchement l'inégalité sociale que prônait le système colonial d'alors. Dessalines avait compris la nécessité de solidifier dans le bronze du réel le lien indéfec-

tible qui existe entre ces frères de sang qui pourraient s'entredéchirer à cause de certaines fausses valeurs prônées par des théories ethnologiques erronées basées sur le degré de sang blanc qui circule dans nos veines. Evidemment, plus ce taux était élevé plus le détenteur de ce privilège se sentait un héritier légitime du système post colonial. Jean Jacques 1er multipliât les initiatives pour les intégrer parce qu'il était convaincu qu'il n'y avait pas d'avenir pour ce pays sans un engagement collectif de tous ses fils.

Pour comprendre le massacre des français, il faut se placer dans le contexte politique international de l'époque. Cet acte politique avait pour but, entre autres, d'envoyer un message clair à l'ancien occupant, en l'occurrence la France, pour le dissuader de toute idée de reconquête. Nous ne pouvons pas lire l'histoire à travers un prisme d'éthique et de moral quand il s'agit d'un événement aussi capital du premier gouvernement de cette jeune nation d'alors.

Dessalines n'est pas mon héro préféré, mais il faut lui rendre justice. Malgré toutes les carences et faiblesses de l'individu, il demeure le père fondateur de notre pays et fit de son mieux pour mener à bon port cette jeune nation qui naquit d'une vingtaine d'années de luttes sanglantes, de sacrifices inestimables et de pertes considérables.

Si vous faites l'autopsie du cerveau d'un haïtien et de celui d'un français ou d'un américain, vous ne verrez aucune différenciation physique ou structurelle. L'anatomie de l'être humain est plutôt une donnée constante à travers les races. Les mutations pourraient se faire sur de longues périodes (million d'années). Il n'y a pas lieu de réparer quoique ce soit dans le cerveau de l'haïtien. Nos dilemmes sont ceux de tout peuple qui véhicule un taux d'analphabétisme élevé, une incapacité chronique à appréhender la modernité couplée par des préjugés mesquins hérités de l'ordre colonial. Des études comparatives de sociétés dites avancées, avec données statistiques à l'appui, ont prouvé que les sociétés suscitées on enregistré des progrès fulgurants à tous les niveaux quant tous les jeunes de 18 à 25 ans savait lire et écrire dans leur langue véhiculaire. La question maintenant est de savoir comment opérer ce miracle dans un pays où il y a non seulement autant d'analphabètes, mais aussi un taux impressionnant d'analphabètes fonctionnels aux timons des affaires. C'est sur cette réflexion que je me retire.

H F-L
Mon cher Alphonse, je te remercie pour l'intervention. Votre analyse est bien fondée et j'apprécie la justesse de tes propos. En toute considération, si je comprends, l'échec actuel de notre société est donc du à notre système d'éducation !

M A T
D'où la nécessité de parler aux jeunes de nos modèles. Offrons la scolarisation à la majorite. Il est temps de revenir avec un livre d'instruction civique et morale dans les écoles. Ne pas avoir honte de notre identité. Offrir une grammaire et un vocabulaire correct à la langue Créole. Ré-ouvrir les espaces de partage et de réflexion. Pouvoir exprimer publiquement une analyse de situation subie ou d'avenir majeure, san avoir peur de payer de sa vie l'affirmation de ses convictions. D'accepter nos différences, notre intelligentsia brille à l'extérieur, nos ouvriers sont compétant et respectés ailleurs. Que nous manque-t-il donc pour que se refasse la *konbit* menant à la force dans l'Union ? Serait-il l'estime de sois et des autres ? Si oui, il faut des séminaires de formation pour nos professeurs d'école. La France nous a offert cette opportunité, notre gouvernement n'a pas encore entrepris les démarches nécessaires, à ma connaissance.

Il a toujours suffi d'une minorité pour que se produise un changement dans une société. Point n'est besoin d'être un intellectuel. Oublions le qualificatif de Héro pour ne voir que l'homme progressiste. Nou avons

l'exemple de Dessalines, d'Henry Christophe, d'Antoine Simon. Je regrette toujours de n'avoir pas connu l'époque de Dumarsais Estimé et de Paul Magloire. Mais pourquoi vivre de regrets !
Nous pouvons construire. Il suffit d'aimer Haïti et de se retrousser les manches. Certains ministres ont sur leurs bureaux des dossiers en souffrance qui n'attendent qu'une signature pour l'octroi d'un terrain à fin que ceux qui veulent aider puissent physiquement mettre en place les promesses faites. Par exemple, le président Lulla attend dans ce qu'il appelle une urgence, le bon vouloir d'un ministre. Et le peuple est la qui attend et ne se réveille pas encore. Qui a-t-il dans son cerveau, rien qu'il faille changer sinon cette souffrance latente qui ne lâche jamais. Hervé dit que je parle du cœur, sans le cœur on ne peut pas sauver Haïti.

A V
Merci Hervé, je vais le partager aussi avec beaucoup plus de gens. A+++

A P Jr
En effet, Hervé, l'instruction est fondamentale au développement d'un pays. On utilise souvent la métaphore « La civilisation de l'écriture » pour désigner les sociétés dites modernes (entend ici sociétés dotées de structures). Il va sans dire qu'il est capital de savoir lire et écrire pour vivre d'une manière pleine et entière dans ces pays. Les propos de Marie Alice sur le civisme sont justes. Il faut la restauration de certaines matières qui ont disparu du curriculum de l'Education National pour redonner un sens d'appartenance à l'enfant haïtien et lui inculquer les valeurs du civisme et de l'amour de son pays.

Mais encore, le plus important à mon avis est de développer un sens infini de l'intérêt collectif dont l'absence est à l'origine des commotions sociopolitiques de l'après Duvalier et de la grande débâcle des années 90. Comment y arriver ?

L'histoire de notre pays jusqu'à nos jours est jonchée d'événements malheureux qui illustrent piteusement l'absence de cet élément central de nos processus politiques. Le tout premier fut l'acte du général Gérin quand il tira la première balle qui déclencha la rafale qui emporta le premier empereur. Cet acte ouvra la première brèche, instituant l'assassinat d'un chef d'état comme un moyen légitime de changer de régime. Le résultat fut la scission du nord et de l'ouest et plus tard une suite de gouvernements provisoires jusqu'à l'avènement de JP Boyer. Avec le complot visant à assassiner Jacques 1er nous avons ouvert la boite de pandore exposant ce jeune pays à toutes les vicissitudes et les troubles qui suivront. De nos jours, peu de choses on changé. Les méthodes sont les mêmes ou presque. Notre seul espoir reste l'éducation, rien que l'éducation, encore l'éducation. Les questions suivantes me sont venues et je me permets de les partager avec vous.

•Comment procéder pour mettre en place un plan de long terme visant les résultats mentionnés dans ma première intervention ?

•Comment faire comprendre à tout un chacun qu'une contradiction peut être féconde quand elle se résout dans le dialogue dans un système où l'intérêt collectif prime ?

•Comment libérer l'Etat qui est pris en otage car livré à un système de bandes et de clans prêts à tout pour conserver leur privilèges et avantages?

•Comment vaincre la force d'inertie qui résulte de l'attitude sanguinaire et irrationnelle de nos dirigeants dont les actes découragent l'engagement politique et le devoir citoyen si vitaux à la démocratie?

•Comment faire comprendre à nos parlementaires la noblesse de leur fonction et que cette institution n'est pas une vache à lait ?

•Comment changer les attitudes condescendantes et désuètes de classes héritées d'un système vieux de plus de 200 ans ?

LE VRAI PROBLÈME

*Pour comprendre cette situation sociopolitique complexe,
il faut se résigner à faire de nombreuses considérations
sur la composition du statu quo et les acteurs
prépondérants de l'échiquier politique actuel. Il y a des
problématiques spécifiques de la conjoncture qui sont de
nature traditionnelle sinon historique.*

Frantz-Antoine Leconte, PhD

19-

LE VRAI PROBLÈME

On frise déjà le moment des invectives, on étale la culture dans des phrases vides, en attendant de se rallier quelques alliés. On fera bientôt échantillonnage de documents jaunis par les ans, sans vraiment aborder le vrai sujet, celui de la condition de l'homme Haïtien en général, comme si les politiciens traditionnels n'avaient pas échoués. On fait à toute envolée la satire d'une société diagnostiquée à juste titre de bovarysme, qui se cherche depuis deux cent ans, qui a nié sa culture, rejeté partiellement sa langue, sans totalement réussir à se renier. On a beau essayer de fuir notre réalité elle nous poursuit dans nos moindres repères. Ce sont les récidives de l'histoire.

Haïti ne subsistera pas sans une alliance réelle et sincère entre ses deux secteurs prédominants, ses deux bourgeoisies. Sa grande et sa petite bourgeoisie, en l'occurrence la bourgeoisie des villes et la paysannerie qui est, dans le respect des définitions une petite bourgeoisie. Point besoin d'une analyse sociologique poussée pour se rendre compte des similitudes entre ses deux catégories, toutes deux possédant terrain et maison et ayant été élevé dans le respect des préceptes et principes de leur environnement respectifs. Elles sont toutes deux des classes ou le travail est privilégié, le vol bannis, et elles sont plus ou moins habituées au respect des règles. L'histoire, les tabous et les modèles de vies adoptés par la classe dominante a tôt fait de creuser le fossé entre ses deux strates, l'une vivant sur le modèle européen et Français, l'autre selon le mode de vie tribal et ancestral d'Afrique, mais Dieu soit loué « l'Haïtiannité » et l'amour de la patrie qui à fort heureusement perduré malgré les affres du temps chez ces deux groupes, offre des ponts de solutions plus que satisfaisant.

Bien que timidement ostensible, elle est profondément ancrée dans les mœurs. Que ce soit sous les formes de gouts et d'expressions culinaires, sur celle de la prévalence ou de l'existence d'un accent de couleur locale dans les décorations de maison ; de l'apport dynamique et esthétique des arts picturaux, du littéraire, on sent que « l'Haïtiannité » à repris une place de choix dans les mœurs. La musique, particulièrement la musique racine, a eu un impacte majeur dans cette mutation ou ce changement de conception. Quand je pense qu'un célèbre Ministre disait et je cite : « La culture n'est pas un facteur de développement. » Je réponds : la culture c'est nous, et, sans nous comprendre comment nous développer.

Comment bâtir un plan de développement sans prendre en compte ses acteurs et vecteurs principaux, les gens ? Malgré un manque réel d'archives, nous serions peut être étonnés de constater que bon nombre de paysans sont des descendants de soldats et d'officiers de l'armée indigène, la grande, la vraie. Il n'y a pas tradition d'agression mais de discordes, entre ses deux bourgeoisies, basées sur le rejet d'acceptation de leurs ressemblances et de leurs différences, ou de leur identité. Rien d'irréparable par contre, parce que ironie du sort, elles sont toutes deux maintenues en otages et menacés par les cellules du pouvoir depuis vingt an. Elles sont toutes deux en tant que possédant dans le collimateur direct des fauteurs de troubles, à la solde du pouvoir. Les éléments de développement réel sont là devant nous, mais une pléthore de politiciens sentant l'avantage de diviser ses deux classes a exploité les distorsions de communication entre ces deux catégories pour semer le germe de la division et de la haine. Ceci, pour servir leur propre cause, cet insatiable appétit vorace de s'enrichir en bénéficiant de cette situation.

Le constat est que tous ceux qui prétendaient faire résonner le lambi de l'union ou de l'unité, ne le faisait que pour rallier un électorat capable de les propulser au pouvoir. Paradoxalement, ce clientélisme s'est développé chez la majorité des leaders dits populistes et populaires. Combien d'entre eux ont connu ou connaissent des exils dorés à coups de millions amassés sur le dos du peuple qu'il prétendait défendre. Jamais l'histoire n'a vu de magots amassés en si peu de temps. Ces manœuvres orchestrés avec une dextérité peu commune, ont crée une classe de nantis aux portefeuilles bien juteux. Le PN du cigle palais national, a très vite été remplacé par le PN du pour nous, et les caisses de l'état ce sont vite transformées en jarres à joyaux pour nos dirigeants.

Arrêtons le massacre de notre souveraineté et de notre dignité de peuple, mettons un frein à ce stratagème, adressons nos vrais problèmes qui sont beaucoup plus simples que nous le croyons. Voyons et pensons pays, développons nos ressources, rendons l'instruction et l'accès à la connaissance ouvert à tous sur toute l'étendu du territoire, scellons l'alliance entre les secteurs sains de notre pays. Cela ne prendra que 13 ans pour changer le panorama politique.

L'armée indigène a réunis deux types d'hommes autour de principe et de préceptes, pour un but commun : l'Indépendance. Nous sommes les fils et filles de ces deux groupes sociaux. Unissons-nous et enrôlons-nous dans une nouvelle armée. Une armée sans arme, ou plutôt, sans autre armes que celle de notre volonté de développer notre pays pour offrir à ces fils et filles un autre lendemain. C'est vrai, les beaux discours font légion, j'en conviens et j'en entends. Mais quand ils prennent corps ou sonnent le lambi du rassemblement autour de gens en déficit sérieux de crédibilité et de moralité, je me cherche très vite un antiallergique, car je souffre d'une intolérance chronique à la magouille. A bon entendeur salut ! Haïti d'abord !

Hans PETERS

236

LE VRAI PROBLÈME

C E D

@ Hans - J'ai réfléchi sur la question Haïtienne de long en large mais je me suis toujours refusé de l'aborder en terme de classes pour ne pas tomber dans le piège dichotomique « noirisme /mulatrisme », qui est en réalité un « faux problème.» Partout les Hommes sont pareils. Mais, je n'avais jamais pensé à une alliance entre les classes détenteurs des moyens de production, quelle soit paysanne ou citadine qui, à mon avis, soit une idée qui vaille la peine d'approfondir et de voir comment réaliser une telle alliance. Avec des institutions quasiment inexistantes et une classe politique corrompue et dépassée, on ne peut plus se payer le luxe de laisser le clientélisme (qui est surtout du « cretinisme ») de retourner au pourvoir a fin de faire beaucoup plus de mal au pays. Entretemps, je vais analyser les contours d'une telle alliance qui me semble a première vue possible, parce qu'elle à deja accouché l'épopée de 1804. L'histoire se répète toujours. Patriotiquement votre !

Y F

@ Charles - J'ai lu le texte et je partage volontiers certains de tes points de vue. A priori je n'ai pas toutefois observé l'évocation des deux classes en rapport à la question de couleur. L'auteur a abordé le sujet sous un autre angle, qui ne sous-entend pas précisément une dichotomie noir-mulâtre. Si la question est insinuée, je ne l'ai pas appréhendée comme telle.

Je serais plutôt tentée de croire qu'il parle d'une société haïtienne compartimentée en grande bourgeoisie, celle industrialisée, et en petite, notamment agricole, celle des grands planteurs terriens.

H P

Merci Yanick de le souligner. Je parle des grands et des petits planteurs. Haïti ayant la particularité où en général, le paysan est propriétaire de son propre lopin de terre et de sa maison qu'elle soit en bois, en paille, ou autre, elle lui appartient en propre. Malheureusement les partages successoraux se faisant à l'amiable, où très souvent les familles reste dans un indivis de fait, alors que chacun connaît sa propre surface sans en détenir de manière formelle des titres. Dans une structure normale, il aurait pu, entre autre, l'hypothéquer où la donner en garantie sur un prêt au lieu d'emprunter à taux usuraire sur le marché parallèle où très souvent il est soumis à l'implacable vente à réméré. Toujours le spectre des deux mondes ; le pays en dehors comme on l'appelle, a un tas de notions aberrantes appelées à disparaître avec une vision moderne des choses.

Ps : merci aussi de me donner l'occasion de préciser ma pensée.

H T
En effet, « *tokay* », cette alliance est possible et même souhaitable. Cependant, elle devrait aussi commencer é l'école. C'est là que ces deux classes devraient apprendre à discuter et dialoguer. Malheureusement, mais notre système éducatif ne crée pas cette possibilité. Les uns ne rencontrent les autres que très rarement, et il n'y a pas beaucoup de cercles où ils se pratiquent à part les évènements culturels tels que le Carnaval ou le football.

Pour moi, la solution est en plus spatiale, il s'agit de réaménager l'espace Haïtien, les villes et villages haïtiens, pour favoriser l'émergence d'un nouveau type de société et de cette classe moyenne qui devrait être le moteur de notre croissance, comme dans tout pays productif qui fonctionne normalement.

Y F
@ Hans - Merci de ce beau texte ! Cela a très bien ébauché la question de culture. En effet, nous en portons les stigmates et aujourd'hui encore nous sommes à la recherche de notre identité culturelle. Cependant, l'impérialisme, malgré la guerre de l'Indépendance, a su conserver bien vivants en nous, ses tentacules de vampire et

ne nous a point permis ce sevrage, ce déracinement drastique des ancrages du colonialisme.

La dualité Afrique-Europe est viscérale, et se métamorphose lentement en amerloque tant par la proximité, l'importation des denrées et mœurs américaines que par les périodes antérieures et aujourd'hui encore de tutelle des Etats-Unis.

Ta proposition est séduisante, en ce qui a trait à une union de ces deux entités vitales de la production nationale. Je crois qu'elle est viable tant et aussi longtemps qu'elle resterait et demeurerait le moteur de l'économie territoriale haïtienne. Mais j'anticipe déjà les griffes de Satan, l'ingérence du pouvoir politique, qui de-vrait en toute décence, collaborer dans le meilleur effort de reconstruction, de restructuration et de développement du pays.

Financer les projets de grande envergure du secteur agronomique, actualiser, pour te répéter, le registre cadastral, accorder des exemptions douanières pour la commande de matériel agricole lourd, promouvoir la main-d'œuvre rurale par la création d'emplois et parallèlement, fortifier le domaine industriel en accord avec les lois et codes du travail ne seraient qu'un exemple des programmes politiques d'un gouvernement progressiste.

« Haïti d'abord » devrait être le leitmotiv, le tocsin du lambi pour le ralliement de cette unité, « sans autres armes que celle de notre volonté de développer notre pays » et rendre pérenne notre postérité !!

H P

Yannick, j'aime beaucoup ton résumé et sa véracité est inattaquable. Elle remonte le temps et les circonstances. Gardons l'espoir que cette alliance aura lieu. A mon entendement, elle seule peut encore sauver Haïti. Cette terre a trop souffert. Si par surcroit une telle campagne est accompagnée du pain de l'instruction et de la connaissance, le monde sera étonné de la capacité de ce petit peuple. Nous avons été ostracisés au nom de la honte de l'occident d'avoir perdu bataille devant des gens qu'ils ont pris plus de 5 siècles à considérer pour des humains à part entière. Serrons-nous les coudes, car la route ne sera pas facile. Mais pour un peuple habitué aux vicissitudes de la vie, je suis convaincu que l'on y arrivera.

H P
@ Hans T - Il n'y a pas de clivage réel Hans. Avec un accès à la connaissance réel, la communication va s'établir d'elle même autour de l'amour que nous avons tous pour ce coin de terre. Il faudra assurer à la classe paysanne les moyens de produire parallèlement à tout cela. En aval, par contre, une telle intervention sera nécessaire pour raffermir les liens et aller plus loin.

H T
En fait, la communication est un maître mot, j'œuvre beaucoup pour l'ouverture des frontières de nos télécommunications pour que tous nos citoyens puissent avoir accès à plus de connaissances. Avec ça en plus, ton parie est en effet possible.

F V
En ce qui attrait à la communication entre ces deux classes, nous avons pu constater à travers l'histoire, qu'elle a été belle et bien existée entre nos paysans agriculteurs et nos grands exportateurs de l'époque. Ensuite, nous avons vu le résultat de la communication entre le prolétariat et la classe des haitiannos-arabes. C'est de cela qu'ils ont fait leur beurre.

@ Mr Hans T - En tant qu'ex technicien de la douane, je peux vous assurer que cette exemption pour les engins agricoles a toujours existé dans notre tarif douanier. Ce qui nous manque, sont des investisseurs haïtiens qui jugent ambivalent cette initiative. En temps actuel, nous ne pouvons laisser l'agriculture entre les mains des paysans. Ce serait une absurdité. Nous devons les pro-poser ceux que les américains ont tentés de faire à l'épo-que de l'occupation : de transformer les lopins de terre en grandes surfaces pour des méga-productions dans un actionnariat avec les paysans qui ont cédé leurs terres à cette tache. L'état ou le gouvernement sera là en tant qu'arbitre pour faciliter le dynamisme du projet et les profits, tout en contingentant nos produits nationaux pour abolir le dumping des marchés internationaux. En ce sens, nous devons relancer notre industrie nationale pour pâlir au dumping social de la sous-traitance. Et, il reviendrait à l'état de stopper la taxation verticale à la déchéance de nos aspirants commerçants de la classe moyenne, du prolétariat et de la diaspora. Si nous voulons que notre pays soit prospère nous devons donner l'opportunité à tout le monde.

H P
Respect, Franckie. Je vous invite à revisiter ma note. La détaxation des machines agricoles est un élément intéressant, cependant, pas besoin de partir en guerre. Je parle d'une approche moderne, pas de l'application aveugle de l'approche faite sur d'autre territoire sans tenir compte de nos particularités de peuple. Vous évoquez le principe des latifundia, j'en propose une réinvention sous forme de coopération entre des gens qui ont d'ailleurs des liens de parenté en ce qui attrait aux propriétés limitrophes, puisque la fragmentation des grandes propriétés initiales s'est faite par partage successoral de facto. Dans la vallée de l'Artibonite, les champs et parcelles sont labourés sans qu'il y ait de problème. Toute forme de dépossession d'ailleurs du paysan amènerait à une catastrophe pire que celle que ce pays est en train de vivre. Nous ne sommes plus au temps ou l'information ne circule pas. Croyez vous qu'un paysan ne sache pas à combien se vend telle type de denrée en ville ? En l'assistant avec des prêts style BNDAI, on double sa production, pour le moindre, on renforce donc son pouvoir d'achat, moyen par lequel il résoudra certainement ses moyens de distribution.

H P
Oh oh Franckie, je ne t'ai pas reconnu! Cette photo te
rend trop sévère

F V
C'est bien moi Hansy. Comment ça va cher frère. Mon
cher, j'ai pris du plaisir à parcourir tes écrits. Je suis
d'accord en partie avec toi. Mais, as-tu une solution pour
résoudre l'antagonisme qui existe depuis des générations
dans la famille paysanne causée par des successions de
facto, des testaments verbaux et des titres de propriétés
qui n'ont jamais été mis à jour depuis deux siècles ?
Deuxièmement, comment vont-ils résister au dumping
des pays en puissances ? Ensuite, je pense que cette
petite bourgeoisie a été anéantit depuis l'échec de notre
exportation. Ces paysans ont étés les premiers à prendre
l'exode à l'étranger, dans les années 30 à cuba et les
bateys de Santo-Domingo ; les années 50 à Nassau,
Bahamas ; et de 1970 à 1980, le boat-people à destination de Miami, Floride. Ils ont été déchus comme une
grande partie de la grande bourgeoisie représentée par
les mulâtres haïtiens. Peut être, ils ont été digérés par la
devise étrangère.

Les gens qui mènent le jeu à Port au prince ou qui
font parties de la bourgeoisie actuelle sont les haïtiens
descendants des familles venues d'Europe et du Moyen
Orient. Regardez les noms de nos différentes rues de
Pétion ville, de Bas-Peu-de-Choses et de Turgeau, tous
des quartiers (supers) d'antan. On ne les voit pas parmi
les grands actionnaires des banques des industriels des
grands commerçants. Cette classe en grande partie a
émigré aussi à l'étranger, depuis les années 50, jusqu'a
nos jours.

Entre autre, Hansy, tu n'as pas reproduit l'album de
Pirogue. J'aimerais bien avoir ces morceaux ainsi que la
musique que tu avais composée en mémoire de Frantz
Dulyx. A tantôt mon frere.

H P

Franky ! Tout est dit ; tout est la ; regarde le texte et les commentaires successifs !

H J-L

Beau texte ! Mais pourquoi ne pas traduire en créole pour tout un chacun. Comme ca, c'est écrit pour un groupe très petit, pour un groupe de gens ayant accès à un dictionnaire.

H T

Franck, j'aime beaucoup ton approche et ton questionnement. En fait, le grand problème, je dirais, est d'avoir de la patience pour travailler à réaliser ce que vous proposez toi et Hansy. A mon sens, il faut commencer d'abord par demander un investissement constant dans le social et dans le renforcement des associations. Les entrepreneurs de la grande bourgeoisie, s'ils avaient avantage à investir et choisir une zone de prédilection pour le développement d'une denrée, le feraient peut être. Mais n'oublie pas la difficulté de s'associer et de gérer les choses d'argent en groupe en Haïti. C'est toute la culture des organisations à changer, et ce n'est pas facile. Car nous ne savons pas nous mettre ensemble pour un idéal. En plus, pour créer la richesse aujourd'hui, il nous faut une injection de connaissances massive, car c'est de là que sortent les idées. Cependant, nous savons que notre système éducatif est défaillant à tous les niveaux. Donc, d'où va sortir la valeur ajoutée, apportée par la connaissance ? D'abord, Il faut commencer par créer ces centres de transferts de la connaissance, et à mon avis, ceci peut se faire à travers la création d'écoles secondaires professionnelles et techniques, ce pour mieux former notre jeunesse et la mettre au travail rapidement. C'est en travaillant et en continuant à être lié à un système de formation continue que nous verrons l'émergence d'entreprises. C'est un long processus. Et il faut beaucoup de patience et d'énergie pour réaliser ce travail à long terme et avec le sens de la continuité. C'est là que je me demande si nous allons trouver assez d'apôtres pour réaliser ce travail, et assez d'entrepreneurs des bourgeoisies ayant cette patience?

H P

@ Hans T et à Franck - J'ai bien pris le soin de dire à Franck de relire afin d'éviter un « *voye monte* » tel que l'on en pratique trop souvent chez nous. Je ne vais pas aller par quatre chemins. Puisque vous insistez, je vais essayer d'être bref et succinct dans ce qui prendrait tout un livre à étayer. Les faits et données sont accessibles et ils parlent d'eux même.

1.-Dire que la thèse de Frank tient debout, c'est dire que nos campagnes sont vides ; c'est admettre que tout le monde a pris la poudre d'escampette. Sur les lieux, ce n'est pas du tout ce que je vois ou que j'ai constaté pendant ces cinq dernières années où je me suis donné le plaisir de faire le tour d'Haïti du Nord au Sud et de l'Est à l'Ouest.

2.- Concernant les titres de propriété et la résolution du problème, j'ai proposé 3 types de solutions :
   a)Tout titre est enregistré chez un notaire, et, à fortiori, aux services des contributions de la zone (section foncière).
   b) Principe Juridique : La possession vaut titre - Petite prescription (10 ans) grande (20 ans).
   c) Code Rural : Principe - la terre appartient à celui qui la cultive.

3.- Si la bourgeoisie haïtienne se résolvait à 9 familles en allant dans le sens de ce que dit Franck ce serait très vite le massacre. Restons dans la logique et dans les faits. Nous parlons d'une catégorie sociale.

4.- Connaissance : Un ordinateur, ou l'accès à un ; 565 antennes satellite dans 565 section communales ; des panneaux solaires pour l'énergie ; « *inverter* » et petites génératrices com-me backup ; 2,260 moniteurs dont, aucun frais à payer pour les enfants ; rendez-vous dans treize ans ! Le financement, on le trouve à l'extérieur. Je vous invite à contacter Madame Gina HORTANCE qui est l'initiatrice d'un projet appelé HAITI ECOLE, qui se fera le plaisir de vous entretenir de l'approche à ce niveau.

Je me tiens à votre disposition pour toute consultation à ce sujet.

H P
Ah ! J'allais oublier Hans T. Pour le financement agricole, il existait sous Duvalier une Banque appelée la BNDAI - Banque Nationale et de Développement Agricole et Industriel-, pas besoin de réinventé la roue, tu peux prendre en référence les indices de production agricole de l'époque, ils parlent d'eux même. Rien de compliqué il suffit juste de bonne volonté.

F V
@ Hansy - Quand tu avances une thèse, tu dois t'attendre que tout le monde ne partage pas ton opinion, ton texte est très éloquent. Par contre, il y a des données incohérentes, et peut être, tu ne t'es pas rendu compte. J'aperçois que tu es un peu émotionnel dans tes réponses d'interventions. Tu dépasses la limite de mes remarques. Je n'ai jamais dit que nos campagnes sont vides ni de neuf familles qui mènent les jeux à Port-au-Prince. Ce serait purement de la mafia Haïtienne ! Pourtant, je n'étais pas diffus dans mes notes. Je n'ai fait que relater des faits flagrants de notre société.

L'effondrement de notre petite bourgeoisie qui est réduit à manger de la boue et une partie de la grande bourgeoisie qui n'arrive plus à tenir les deux bouts, ce n'est pas du *VOYE MONTE*. Les faits sont justifiables. Ce n'est pourtant pas le secret des dieux. Tout le monde peut faire la recherche. Je te recommanderais de regarder un documentaire appelé « FOOD INC. » Les données ont changé. On ne peut pas se permettre d'appliquer des méthodes de jadis, des Duvalier à nos jours. Ce serait de se leurrer. En ce qui attrait au projet d'informatiser la campagne, à mon humble avis, avant d'entrer dans les logistiques, il y a des trucs plus structurels et fondamentaux à résoudre ; comme la famine le chômage. Respect frère !

C E D
@Hans P - Je m'excuse d'avoir mal interprété ta pensé. C'est ce qu'on appelle terminologie et perception. On peut lire la même chose et l'interpréter de façons différentes. Mais l'idée est bonne. Pour ma part, j'ajouterais la diaspora. Ce sera une sorte de triangulation. Elle est très bien formée et elle dispose aussi de moyens financiers, la valeur dont Hans T. faisait allusion. Quelques amis sur FB et moi sommes entrain de monter, avec un corps de volontaire composé de professionnels de tout genres, une association dont le but sera d'aider le pays à sortir de ce marasme. Au lieu de payer les « experts », on pourrait utiliser les cerveau de la diaspora pou aider à la formation des cadres, monter et gérer les petites et moyennes entreprises. J'ai récemment visité le Sud du pays là où l'on parle de misère et j'ai pas mal d'opportunités surtout dans l'agro-industrie, la pêcherie, les essences aromatiques et l'artisanat. Entre autres, il nous faut la sécurité et un service de douane fonctionnelle. Le reste appartient à la créativité du peuple haïtien.

H P
@ Franky - Je te cite : « Ces paysans ont étés les premiers à prendre l'exode à l'étranger, dans les années 30 à

cuba et les *bateys* de Santo-Domingo ; les années 50 à Nassau, Bahamas ; et de 1970 à 1980, le boat-people à destination de Miami, Floride. »

2.- Ce n'est pas un leurre d'informatiser les campagnes en attendant de te soumettre une « *quotation* » en bonne et due forme. Une antenne parabolique ne coute pas une fortune comme des panneaux solaires achetés en gros sur le marché international. Je ne suis pas émotionnel du tout. Tu as le dois à tes opinions. Je m'attends seulement à ce qu'elle soit motivée avec une précision de scalpel. Pour ton information, le financement agricole existe partout, même chez nos voisins, en République Dominicaine. Il y a t-il ou n'y a t-il pas de paysans en Haïti à l'heure actuel ? Sont-ils ou ne sont ils pas propriétaires des terres qu'ils cultivent ?

H P
Aucun problème Charles, je ne m'en suis pas formalisé.

@ Franck- Ne résout-on pas le problème de famine en augmentant la production agricole en la finançant ? Nous ne parlons pas d'un pays qui ne peut pas produire. Ne parts-tu pas en extrapolation dangereuse quand tu dis et je te cite: « l'effondrement de notre petite bourgeoisie qui est réduite à manger de la boue » ?

... à te prendre au mot, Franck, ceci voudrais dire que tous les paysans sont actuellement en train de manger de la boue. Tes sources d'informations sont très différentes des miennes.

@Charles - J'applaudis des deux mains ton initiative concernant le groupe d'expert du Dixième Département. Je pense que nous avons assez de compétences à l'extérieur auxquels nous devrions faire appel. Notre creuset d'intelligence et de savoir-faire est en prédilection notre Dixieme département, de manière quantitative et qualitative !

H F-L

« La culture n'est pas un facteur de développement. Je réponds, la culture c'est nous. Et sans nous comprendre, comment nous développer ? Comment bâtir un plan de développement sans prendre en compte ses acteurs et vecteurs principaux, les gens... » ? H. P.

En effet, Hans, tout ce qui nous reste c'est LA CULTURE ! Comment la définir à plus d'un ?

C E D

@Hervé – C'est comme si tu lisais ma pensée. Voila ce que j'avais posté hier sur le mur de Patrick Cauvin: « l'art, c'est l'une des choses qu'ils ne peuvent nous ravir. C''est tout ce qui nous reste. » Parler de notre culture ! Mais, je dois ajouter, dans la Diaspora, on a une large variété de cerveau et cela, dans tous les domaines. Si la situation se stabilise, beaucoup de gens retournerons au pays.

Cette interview nous offre une décomposition en facteurs de l'élément linguistique agrégé sous le vocable de Créole, source de préjugés et de caractérisations pejoratives dans notre tissu social.

Guy Evens Ford

-20-

LE FRANÇAIS EST UN CRÉOLE ISSU DU LATIN

Écrit par Nad Sivaramen, Boston, États-Unis 31 Aout 2008

Alain Rey, père du dictionnaire Le Robert, le célèbre lexicologue, 79 ans, part en lutte contre les puristes et se félicite des métissages de la langue de Molière. Interview.

Q : Vous parlez du français comme d'une langue créole. Qu'entendez-vous par là ?

Alain Rey : C'est un créole issu du latin. Le latin s'est subdivisé en variantes qui ont évolué chacune dans leur sens, que ce soit en Hispanie, en Gaule ou en Italie, donnant ainsi lieu à une sorte de créolisation. La syntaxe a été tellement bousculée qu'il n'en reste presque rien. Le vocabulaire, en revanche, a été largement conservé. Ce qui est longtemps passé inaperçu, parce que ce vocabulaire n'était pas celui du latin classique. Par exemple, equus, qui donnera plus tard, au XVIe siècle, équidés, a été remplacé par caballus, d'où vient cheval.

Q : Ce latin qui a donné naissance au français est-il très différent de celui que l'on apprend au lycée ?

Il est assez différent, mais largement compréhensible quand on connaît le latin classique, disons celui de l'Empire. Il faut rappeler à ce propos que le latin est une langue très évolutive. On en a une idée fausse en disant « le » latin. Comme c'est le cas, d'ailleurs, quand on dit « le » français, et la remarque est valable pour la plupart des langues. À la limite, « le » chinois n'existe pas.

Q : Qu'est-ce qui fait, néanmoins, qu'une langue s'étend

et devient mondiale ? Cela tient-il à des spécificités des langues elles-mêmes ?

Oui, ces spécificités peuvent jouer. Mais le facteur fondamental est politique, économique et militaire.

Texte publié dans le magazine Jeune Afrique - 22 octobre 2007 – propos recueillis par Dominique Mataillet et Renaud de Rochebrune.

J C J
Interesting! Thank you for sharing Hervé!

J M A
Merci bien !

P J
Remakab. Wololoy. Yo bare lang franse ! Mwen te wè sa pou li. An nou kontinye pale kreyòl nou tèt kale, san kè sote, san tèt bese.

H F-L
Pa gen pann rebèl. Nap wè si na pale I pi byen et nap fè jefò pou nou ekri'l pi byen tou.

E A L
Assez intéressant ! Vernet t'ap byen remenm li ti entèvyou sa a.

H F-L
Ki Vernet?

E A L
@ Fanm - Nou konnen sa wi ☺. Youn nan moun ke peyi pèdi, se kòmsi se yon bibliyotèk ki boule.

H F-L
Exkize mwen wi , nanm li a dodomeya lan ginen.

A S
Mesi Hervé pou atik sa'a.

H F-L
Hey Alix, sak ap fèt, gen lontan nèg pa fè youn ti koze.

S M
Interesting. Thanks for sharing Hervé!!!

H F-L
Welcome Sis!

H F-L
@ Sissi - Ton équipe mène, ke w kontan sa w di

S M
NAAAAAAAAAAAAAAH!

G E D
Comme l'a fait remarquer l'auteur du texte, le français est représenté sur tous les continents. Senghor a su imposer le wolof et favoriser le français, puissions nous alors faire de même. Et puis, entre nous soit dit, il y a-t-il plus belle langue que le français après le créole et l'italien?

N T F
Tout à fait ! J'adore entendre le français, l'anglais et le kreyòl, ils sont tous beaux à entendre, mais les écrire c'est autre chose. La langue maternelle de tous les haïtiens est le kreyòl, j'ai appris le français et l'anglais à l'école; je suis fière de dire que je suis haïtienne. Maintenant quand on rejette sa mère, on est des bâtards. Il y a quelqu'un qui dit à Hervé « LE CREOLE NOUS EMMENE NULLE PART », celui-là, il est plus français que le français lui-même. Koun ye a, mwen fèk ap aprann ekri kreyòl, mwen kontan nèt. Mwen sot ekri on pakèt pwèm en franse paske se sa m vle. I love to speak and write all three languages. Amen.

L B
Une analyse originale qui présente le français comme un créole latin...
Une manière implicite de dénoter une similitude dans l'émergence du créole et du français.
Présenter le français comme un créole latin est ténu, considérant l'émergence de la notion « créole » au 15e siècle. La langue française tient de l'évolution des pratiques langagières de diverses communautés sur plusieurs siècles, un contexte tout à différent des colonies. Le détournement de l'histoire même positivement est-il justifié ?

H F-L
Et le parler, Nancy! :) - Gloria, tu es adorable!

G-E F
Hervé je te remercie d'avoir partagé cette pièce ouvre-l'oeil avec nous. Cette interview nous offre une décomposition en facteurs de l'élément linguistique agrégé sous le vocable de Créole, source de préjugés et de caractérisations péjoratives dans notre tissu social. Loin de vouloir prendre l'auteur a parti, je voudrais cependant souligner une mystification interprétative des dialectes Africains. Alain Rey parle de « multiplicité de langues maternelles, spontanées » et renchérit avec un doute inflexible sur « l'avenir des langues véhiculaires ». A ce point-ci, j'en disconviens avec véhémence. Les langues Africaines loin d'être spontanées, n'ont subi aucune forme de modifications à travers les âges. Elles sont plutôt des véhicules de communication tribale; elles ne sont d'aucune portée avant-gardiste en ce qu'elles subissent plutôt les intransigeances de la sociopolitique, puis elles caricaturent la problématique des classes, là ou l'expression Créole est taxée de langue rurale.
Ce qui m'édifie dans cette interview, c'est que Mr Rey nous induit à la repentance en présentant le Créole sous son vrai joug, à savoir: une pluralité dialectique au

lieu d'une unité linguistique régionale. Merci encore Hervé. Ton frère, GEF!

R B

Well, I do not see any issue about if French is a sort of Creole. - I only see an evolution. You talk about Haitian culture in your book. Can we say Haitian culture is a sub African culture? Can I state on my DNA as a sub product from the Human kind? It is a wrong way to deal with facts!

Ref: Said, Edward W. – Orientalism / Edward W. Said. – [Repr. with a new preface]. – London ; New York [etc.] : Penguin Books, 2003. – XXIII, 396 p. ; 20 cm. – (Penguin classics) (Penguin books). – ISBN 0–14–118742–5See

M Z

Passionnant ; Merci du partage.

G M

Thank you so much for sharing. That is what this great network ought to be all about!!! A knowledgeable mind is a precious jewel.
Thank God for yours!

H F-L

A moi de vous remercier Guy-Evens et tous et chacun d'avoir participé dans cette conversation. C'est un sujet ouvert qui porte à réfléchir et peut-être à reconsidérer son haitienneté.
Entre autre, je suis très confortable à dire que je suis Haïtien et je parle l'haïtien !

Well, you may have missed the point Roland!
Bienvenue Mireille!
You're most welcome, Gladys

A P Jr

Etant des entités vivantes, les langues naissent, vivent et meurent. Il faut d'une part, souligner le caractère unique de ces « vies » qui sont grandement façonnées par de impactes politiques et socio-économiques. D'autre part, le processus de leur évolution implique des mutations profondes résultant d'interactions ethniques, linguistiques et commerciales. Le concept binaire (prince-poète) utilisé par l'auteur semble ici prendre toute son importance. Le poids de la politique est déterminant dans la direction des mutations suscitées et les écrivains contribuent largement à l'unité linguistique. Quant au devenir d'une langue, je crois qu'il faut se référer à l'histoire pour se rendre compte qu'elles sont toutes sujettes à la même logique : elles naissent, vivent, connaissent leurs heures de gloire, deviennent moins importantes et parfois disparaissent complètement.

Il n'y a aucun doute que le créole, langue véhiculaire de tous les haïtiens, est une langue à part entière. Nous sommes les héritiers d'une culture hybride résultant d'interactions sociolinguistiques séculaires avec le français, l'anglais et l'espagnol ; sans oublier le composant africain qui donne à cette culture un caractère unique. Aussi, il ne s'agit pas de choisir ce qui nous arrange mais plutôt d'accepter cette multipolarité comme le carac-tère essentiel de notre originalité.
Superbe entrevue ; merci Hervé.

H F-L
Superbe point de vue Alphonse!

M J
Très passionnant. Merci Hervé.

H F-L
Juste pour savoir ce que pense un Français à propos de sa langue. Pas n'importe qui: celui qui nous dit comment bien écrire.

M A T
Je rejoins l'opinion de Guy-Evens Ford. Merci Hervé pour ce texte enrichissant. Bon bagay

H F-L
:) MAT

Obélisque Linguistique

« Si une langue est un monument dont les pierres ont été sculptées par un peuple donné qui seul a le droit de les modifier ou d'en sculpter d'autres, parler d'un butin de guerre, lorsqu'on garde la langue de l'ancien colon, équivaut à dire qu'on emporte avec soi un obélisque, par exemple. Tout ce qu'on peut faire alors c'est l'exposer en public pour glorifier sa victoire. » G Bissainte

P G
Une langue véhicule l'esprit d'un peuple. Je crois toutefois, du moins dans le contexte ou nous évoluons qu'elle est en même temps un instrument de communication auquel la majorite devrait avoir accès. Nos enfants vont a l'école et tout leur est enseigné dans une langue qu'ils ne maitrisent pas et à l'université les ouvrages d'apprentissage sont rédiges en français. Notre grande erreur a été de faire de cette langue la classe gardée d'une minorité.

F M
@ Mr Gaspard -- Nous, de la « vieille école » avons été élevé parlant notre « patois » étudiant la langue qui nous a été donnée en héritage et, si non universelle est comprise par delà le monde. Notre patois est à nous mais notre éducation est en fait compromise par ce dilemme : nos enfants essaye d'écrire une langue qui est, était et devrait rester seulement pour parler. Tout cela pour seulement vous dire que vous avez raison.

P G

Merci Flo ; mais je crois aussi que nous devons faire avancer cette langue que nous parlons tous.

F M

Complètement d'accord. Nou tout pale Kreyòl -- men mwen pa kapab li ou byen ekri jan mwen wè tout moun ap ekri l. Comme vous pouvez le voir si j'écris en créole je le fais phonétiquement --- nou palé lang lan tan kou tout Ayisyen (Merci d'avoir répondu)

H F-L

Gen lekòl pou moun ki ta enterese lan li ak pale Kreyòl

M J

Nous n'avons jamais vécu en français, nous du pays, nous n'avons pas de niveaux de langue. Ceux qui l'ont appris qu'à l'école et qui le parlent comme le journal français « LE MONDE » renforcent l'idée de cet obélisque dont parle le professeur Bissainthe. Ceux qui ont été chanceux d'avoir des parents parlant français, un très petit nombre, ont appris à mieux exposer cet « obélisque » avec un avantage sur la sémantique que les « parcoeurman » n'ont pas. En définitive, nous n'avons vécu qu'en créole, notre langue à nous et c'est dommage que ce butin de guerre, LE FRANCAIS, n'ait été enseigné et vulgarisé dès le début comme une langue étrangère.

A S

@ - Mecthylde, French is indeed a foreign language for Haitians and rightly so.

M J

Nous avons été à l'école et tout s'est passé comme si c'était notre langue à nous. Nous avons mémorisé sans comprendre. Nous avons répété que « nos ancêtres les GAULOIS avaient des yeux bleus. » Nous sommes devenus ce que nous sommes et l'on s'étonne des RESULTATS !

P G

(rire) Je n'ai pas connu cette époque mais ma mère m'en avait parlée beaucoup de nos compatriotes qui fonctionnent encore comme des magnétophones relayant sans discernement ce qu'ils n'ont pas conçu.

Ne t'étonne pas qu'un siècle plus tard Toussait Louverture soit présenté sous les traits d'un caucasien.

A S

Je crains que le même sort soit réservé à Michael Jackson.

M J

Monsieur Gaspard, si vous pensez que cette époque est révolue vous vous mettez le doigt dans l'œil. La majorite est unilingue créole, mais l'éducation se fait en français. Dans les années 1995/1996, en tant que professeur nous avons fait partie d'un programme financé par le gouvernement français avec une équipe de la faculté linguistique avec le professeur PIERRE VERNET, de regrette mémoire ! Ce programme était une mise à niveau du français pour les étudiants des facultés de médecine, d'agronomie et de sciences qui ne pouvaient pas, en dépit des deux bacs, comprendre le français au niveau universitaire.

P G

Pour être plus précis on n'apprend plus aux petits haïtiens que leurs ancêtres avaient les yeux bleus même comme vous dites on n'a pas beaucoup bougé. J'ai bien dénoncé le problème que vous évoquez : une majorité unilingue (nous parlons tous le créole) et une minorité possédant plus ou moins cette langue française. Ce programme dont vous parlez était une bonne initiative mais était-ce une solution définitive ? Faudra-t-il toujours recommencer car nos universitaires, hélas, ne restent pas au pays ? Nous les formons pour l'étranger !

P G

Haha ! Il avait déjà commencé (ce n'est pas pour être méchant je l'aimais bien)

M J

On a beaucoup travaillé pour améliorer le système éducatif mais pas assez pour une solution nationale. Nous continuons à reproduire une élite, élargie je vous l'accorde, mais élite quand même. Cette élite est tournée vers l'extérieure parque nous sommes incapable de l'utiliser. La grande majorité restera dans le tamis et ne passera pas. Nous parlons d'élection maintenant. QUI POSE LE PROBLEME DE L'EDUCATION ? EN AVEZ VOUS ENTENDU PARLER ???

M J

Pour diriger notre pays et ne pas mourir d'une crise cardiaque ou ne pas se lever un jour et courir nu dans la cour du palais, je pense qu'on doit être sous l'influence de quelque chose ou pire ; complètement INCONSCIENT !!!

P G

Hahaaa! C'est un rire amer. Pour vous répondre, honnêtement, personne jusqu'à cette date. Justement, ils s'en vont parce que nous n'avons rien pour les retenir.

Inconscient !!! Je regrette seulement qu'il n'existe pas de mot plus fort.

Mais puisque vous travaillez encore gardons le courage car il nous en faudra beaucoup. Tenez ferme à la tache, l'arbre portera ses fruits.

M W

Vous autres Haïtiens, vous épiloguez, vous paraphrasez vos héritages, mais pourquoi ne vous unissez-vous pas pour former une coalition mettant en pratique tout ce dont vous chérissez afin de le léguer à vos enfants et petits enfants !.... Agissez !!!

Patrick Gaspard
On prêche par l'exemple alors commençons !

ORIGINE DU MAÏS

Oui, cela vient de la langue arawak, comme quelques autres mots restés dans notre vocabulaire et ayant fait le tour de la planète.

Martine de Montmollin

-21-

ORIGINE DU MAÏS

D'après le Dictionnaire, Le Petit Robert 2006, Grand Format p.1543, le Maïs est un mot originaire d'Haïti.

« Lorsque les Européens conquirent l'Amérique, le maïs était déjà cultivé du nord au sud du continent depuis les rives du Saint-Laurent (Canada) à celles du Rio de la Plata (Argentine). Le maïs a été vu pour la première fois par Christophe Colomb en 1492 à Cuba. Magellan le trouva à Rio de Janeiro en 1520 et Jacques Cartier rapporta en 1535 que Hochelaga, la future Montréal se trouvait au milieu de champs de maïs, qu'il comparait à du 'millet du Brésil' 1- ».

« Ce sont les amérindiens qui ont le mérite d'avoir sélectionné les meilleures espèces et ont fait de cette plante leur nourriture de base. Sur une période de milliers d'années, les peuples autochtones d'Amérique on transformé expressément le maïs par des techniques de culture spéciales. Cette plante était alors appelée par eux Ma-Hiz (zea mays) et subséquemment fut nommée maize. Selon l'hypothèse la plus probable, le maize fut développé à partir d'une graminée (La téosinte) qui croissait en Amérique Centrale il y a 7000 ans. On a retrouvé des épis de maize pétrifiés sur un site où vécurent des indiens il y a 5000 ans 2- ». Sauf que l'auteur de a fait erreur en épelant Maïs, Maiz (Maize) qui est une appellation Espagnole, en 1519.

Je trouve épatant la relation entre Maïs et Aï, le préfixe de Aï-Ti (Haïti -Hayti). Juste pour vous rappelez, "Y" est une syllabe Grecque. Par conséquent, c'est claire que l'écriture de Hayti avec "Y" est une invention purement Européenne. On trouve aussi une ressemblance avec Maïa (plus souvent épelé Maya par les occidentaux).

Andrew Collins, scientiste sur l'Atlantide suggère timidement l'idée que la terre atlantidéenne soit l'île d'Haïti; en ce sens il confirma une phrase écrite dans un livre publié au 18ᵉ siècle par un Noble guatémaltèque disant que les anciens Guatémaltèques sont d'origine haïtienne. Ils ont émigrés dans cette région après la dévastation de leur terre, disait-il 3- .

Finalement, le Colonel James Churchward, un écrivain spécialisé sur les Maya de l'Amérique et ceux des Indes, eut à dire qu' « On a accordé une gloire scientifique à l'Égypte en affirmant qu'elle était la mère des civilisations, alors qu'il existe de nombreux documents anciens qui nous révèlent que le sol de l'Égypte a été foulé pour la première fois par des colons venus d'Amérique et de l'Inde et que ces colons apportaient avec eux les sciences et la civilisation de la Mère-Patrie 4- »

Le point ici est de savoir si le Maïs est originaire d'Haïti ou si le nom « Maïs », comme l'a mentionné « Le Petit Robert » est d'Haïti. Que pensez-vous ?

1-http://www.blogs-afrique.info/cuisine-afrique/post/Histoire-du-mais
2- Http://www.angelfire.com/me/jeanpierreboisvert/mais.html
3- Fanini-Lemoine, Hervé - Face à Face autour de l'Identité Haïtienne, p. 35, Kiskeya Publishing, Septembre 2009
4- Churchward, James – MU, cité dans Face à Face, p. 182

M J
Merci pour cette information, Hervé. Ca y est ! Je suis sur qu'il y en a encore pas mal d'autres.

M de M
Oui, cela vient de la langue arawak, comme quelques autres mots restés dans notre vocabulaire et ayant fait le

tour de la planète. J'ai bien aimé de livre d'Emile Nau: « Histoire des caciques d'Haiti » à ce sujet.

G E D
DILEMME!

N D
Hervé est-ce aussi vrai qu'il y avait plus de 150 sortes de maïs originaires des Amériques?

J S
C'est très intéressant Hervé. FaceBook, sous cet angle, est très éducatif. Merci

J C J
Merci Hervé !!! XO

H F-L
Avec plaisir, Monax

Explique, Gloria !
Je ne sais pas combien de sortes, mais, plusieurs scientistes appuient la thèse disant que le Mais soit la résultante d'un croisement génétique.
Merci Jacques.

N T F
Le Petit Robert que j'ai est beaucoup plus ancien que ça et je le trouve... grâce à toi, merci Hervé. :-)

M L
On n'en finit jamais d'apprendre!

Y F
Très instructif Hervé. Je crois que les écoles de pensée diffèrent sur bien des sujets, mais ta recherche approfondie nous éclaire sur un produit de consommation, très utilisé chez nous. Nous aurions pu effecti-

vement nous en approprier l'origine exclusive. Merci beaucoup de ton apport !!

BTW, j'ai reçu mon livre d'Amazone, j'en ai entamé la lecture; je réalise soudainement un intérêt tout particulier pour le mot *AYA* et sa valeur, un de mes favoris *nickname* et dont la signification m'est finalement révélée en te lisant. Chapo-Bas cher ami ! Et je continue ma pérégrination « autour de l'identité » en attendant ta griffe ; lol - Merci !!

G E D
Le point ici est de savoir si le Maïs est originaire d'Haïti ou si le nom « Maïs », comme l'a mentionné « Le Petit Robert » est d'Haïti Que pensez-vous ?

« Larousse » ne donne pas autant de détails et remonter à l'origine du maïs pour savoir s'il est originaire d'Haïti ou si le nom est d'Haïti je me trouve face à ce dilemme.

H G
« ...en ce sens il confirma une phrase écrite dans un livre publié au 18e siècle par un Noble guatémaltèque disant que les anciens Guatémaltèques sont d'origine haïtienne.... »
La Rigueur, toujours la Rigueur: plus de détails de la référence citée !

H F-L
Je comprends, Gloria. C'est l'apport du Dictionnaire « Le Petit Robert » Grand Format édition 2006.

@ Hugues - L'auteur est Andrew Collins. - Gateway to Atlantis. Hugues you should by Face à Face; information à gogo !

@ Magali - Je fais de mon mieux
My pleasure, Nancy.
Lol ... Yaya -Yanick!

M A T
Merci pour ce texte enrichissant, je prends la liberté de partager avec les amis. Respect.

H F-L
Merci MAT, avec plaisir.

L B
Merci. Des informations si enrichissantes ; je suis contente que vous utilisez FaceBook à cette fin.

M J
Mwen te toujou pense que maïs te soti an afrik. Kounye ya mwen konnen ke maïs soti an amerik. Mèsi ampil pou nouvel konesans sila a. Tan pri di mwen qui kote di ri soti?

H F-L
lol, Marie; I don't' know but I'll try. C'est un devoir, Louise!

M J
I am very patient. I will wait.

H F-L
ok

I commend Hervé for opening this dialogue while Haitians are not willing to talk about the fact that we are not French.

Cosy Joseph

-22-

FACE A FACE Interview on NBC 6

---

http://www.youtube.com/watch?v=LTmAfA7cwjA

J J
Bravo, Mr. Lemoine. J'aurais besoin d'un exemplaire
dédicacée pour la prof de français de ma fille. Comment
faire pour avoir un exemplaire de vous directement?

M-H R-L
I am delighted to be your friend. It's a blessing!

L A D'H
Haiti needs to emulate the example of other countries like
Switzerland, Ghana, Dominican Republic, the Philippines,
Columbia, Mexico, United States, Great Britain, and
others, have voting right laws that allow their citizens
living abroad to register and vote in their native countries'
elections.

E A
Les Amis D'Haïti, I definitely agree. As a naturalized
American, I'd love to have a voice in Haiti's political affairs
as well. It is my native country and I'm passionate about it,
but I'm limited. Haiti needs to change some aspects of its
laws allowing the Diaspora to get involve and to move the
country forward. Much of Haiti's brain and capable
workers are abroad. Hervé, you rock!

H G D
Interesting subject and waiting for the English version.

C P D
Un document historique de valeur à être inclus dans nos
collections !!

H R D
Hervé, you made us proud. Thank you so much for the enlightenment.

J R
Splendid Interview on a topic that has universal theme for all people of color! Thank you.

C J
I commend Hervé for opening this dialogue while Haitians are not willing to talk about the fact that we are not French. We are indeed Haitians and should be proud of an innumerable amount of reasons why we should be proud. Haiti was left with a social system which to this day hinders its socio-economic progress.

F H
This is what we need, people on the move taking an "alternative road"; the wave of the new Haiti. Congratulations!

F H
Mes félicitations. J'aime beaucoup le sujet. J'ai un intérêt particulier pour les civilisations Nubienne et Egyptienne. Vous avez pu définir « l'Haïtien » avec beaucoup d'éloquence.

M-F D-L
I am running to grab this book!!! I need to know more about real Haitian roots & culture; Amazone.com here I come!

G P
Intéressante approche ! Compliquée ! Cependant, la seule qui pourrait vraiment définir l'Haïtien. « Our inner selves » ; isn't it?
Il faudra compter avec tout ce qui constitue le mélange qu'est devenu l'Haïtien d'aujourd'hui. Peut-on trouver le livre en Haïti ?

M P-L
Where can I get my copy?

A P
Buy the book! Buy the book! Buy the book! Buy the book!

K E B'J
I'M BUYING MY COPY SOON. HERVE MADE SOME GOOD POINTS.

D F J
It's really amazing and important for every one of us to know exactly the history of our nation. Waw!

B F
Je suis très fier de toi Hervé.

C P M-C
Découvrir qui nous sommes enfin, qui je suis ? Mais alors pourquoi personne n'a jamais pensé à écrire ce livre depuis longtemps.

Je te remercie au nom de tous les Haïtiens pour ce cadeau et je suis tout à fait privilégiée que tu me comptes parmi tes amis.

Mes félicitations pour cet entretien remarquable et pour ton courage pour poursuivre un si grand projet.

Je souhaite, ce n'est qu'un souhait que mon livre serait dédicacé personnellement. Merci immensément Hervé. (On aura une autre photo sur la couverture, non ?)

H F-L
I am deeply touched by this incredible show of support. If you would like to read in detail the information presented on the show. Check the book out at www.amazon.com - Insert my name (Hervé Fanini-Lemoine) on the window and the book will appear.

You can also email me and I will mail you a copy. rvfanini@gmail.com

I thank you again for your support.

R A
OMG, thank you so much for this Sir! I've always felt as if I don't really know my culture for that same reason mentioned. I'm glad and I am not the only one who's this way. This isn't only in the Haitian Culture; it's even here in the US! That's why I've made it a priority to re-educate myself, but this time with the right information. I can't wait for the English version to come out; I will definitely get it. I wish there were a Kreyòl version as well!

A S
Hervé, I am absolutely proud of you. I can always say I knew him since kindergarten.

Y G
Hervé, it's "fan-tastic" to get coverage from one of the major News Organizations. Congratulations!

E J
YOU MADE IT RIGHT MAN...WE ALL NEED TO FACE THE TRUTH.

D M
Hi Fanini, I did not catch it live, but I just watch the video and all is well said, I hope we can think about an internal debate around the real problems of our Country Haiti where all the players will get a chance to express themselves. We have seen the French media coming out after the earthquake; we have seen some American people like Colonel Powell and leaders of the Caribbean and so forth. What about the Haitians responsible for our downfall? I'd like to hear from them. We are not all victims; some of us are perpetuators.

R B
I must say this is the first time after « Ainsi parla l'Oncle » qu'un homme nous regarde nu- Je crois que Fanon doit être heureux là où il est.

E A-W
Formidable, Wonderful! Toutes mes félicitations à ce compatriote capable de mettre noir sur blanc les grandes lignes de l'histoire de notre petit pays ; j'en suis follement fière !

M C P-L
Very proud of you Hervé! Cela m'a fait chaux au cœur.

G L
That's such a great interview! It reminds me of a Haitian song that says *"Kotew soti l'afrique, Kotew prale, Kiyes ki manmanw L AFRIK"* It's helpful to know your roots because they make who you are as a person. Every human being has value and rights. I'm 100% behind you Hervé.

C L
Bravo! I am always fascinated with History. I gave read several literatures on this topic. I would love to get a "Haitian" point of view. I will have to wait until next year to pick up the revised English edition.

Y V de B
J'aime. Pensons à nos enfants ; l'histoire est très importante. PEACE!

J V
Great information! I am always concerned that Black History Month is being used at school to teach our kids that we, Africans, started out as slaves. Our kids are never thought the great civilizations that existed in Africa before some of our Ancestors were enslaved and brought

to America. We must correct that by teaching history correctly to our kids at home.

P S

I bought the book through Amazon the moment that it came out and read it. However, it must be understood that the best support is to buy the book. If our authors spend a lot of time, energy and money to publish a book, if not enough people buys the book, that author will be reluctant to write another one. So, the best way to congratulate an author is by buying his book.

J M C

I am elated that more Haitians are now writing their history. Somehow that makes a lot of sense. Anyone who never treated you right will never teach you right.

W M

I can't wait for the English translation to come out. I'm now a huge fan of Hervé. I simply love the guy.

T M

This guy is very intelligent. It's good to see our own kind being able to explain so correct.

F-H B A

Thanks for sharing this information with us. Definitely, I will buy this book, and I encourage everybody to get a copy. Congratulations to the author. You were amazing. I like your thought process and am eager to read your book.

J B

I really would like to read it. Very true! We never grew up with racism back home. I never heard or knew about it until I come here. This is very strange to us. We can discuss poverty, not racism.

N C
Interesting and powerful concept! I am thirsty to read this book.

N C C-Demas
Congratulations! This is definitely a topic that needs to be discussed more frequently. Thanks for putting it out there.

S D
I couldn't agree more. Congratulations and KEEP PUSHING.

B P
Worth reading!

M E F- B
Congratulations!

M F
Congratulations for your book.

G-E F
Hervé my Brother, I wish to thank you wholeheartedly for giving us a reason to collectively cheer about. More and more, surely footed, you are emerging as an undisputable cultural icon, to our community in Diaspora and at Home in Haiti; an ambassador so-to-speak. I must personally convey that individually, I respect and cherish you as a role model. Thank you so much Hervé, God bless you brother-man!!!

R B
So true! La première page du livre d'Histoire d'Haïti de JC Dorsainville commence par « Christophe Colomb naquit à Gènes en 1451... » And this is our story?

P S
You have opened many doors to many more dialogues and analysis on many essential issues regarding Haiti's

history and the present economic, political, religious, and psycho-social issues; its children, and the children of its children on all sides of the island of Ayiti, (Kyskeya, BoYio) as well as those who have assimilated to become integral components of nations across the world. Peace, love and blessings!!!

And hurry with the English version for my non-French-speaking peeps! ;-)

G M
Hervé, thank you! Indeed you make us proud.

H A. C
I need to get the book, to see another perspective of the history.

G B
Félicitation M. Lemoine, il faut encore plus d'auteurs comme vous qui osent aller au fond des choses. Car trop d'Haïtiens croient aujourd'hui encore aux mensonges du colonisateur. La plus grande d'après-moi, est bien celle que nous ayons acquis notre indépendance par des pratiques occultes.

Notre mémoire collective est si imprégnée de ces aberrations qu'elles sont devenues les mantras de beaucoup d'Haïtiens; qui les répètent à chaque fois que sévit une catastrophe en Haïti pour justement les justifier.

Et très malheureusement, même les jeunes Haïtiens d'origine, nés à l'étranger reçoivent ces mensonges pour vérité.

Et dernièrement, ces erreurs de jugement sur notre personne ont été répétées par des gens qui ne nous connaissent pas (Pat Robertson). Alors si nous, nous ne prenons pas la peine de corriger le tir, pour renouveler nos conceptions, les autres ne prendront pas la peine d'aller voir plus loin à notre place. Il faut que ça change!

F L K
Mes félicitations Mr. Lemoine, Merci d'avoir partagé.

W D
Very good information!!! I would like to buy the book.

S M
Go Hervé, very sharp Bro; Proud of you! Xoxo

C P D
Merci Hervé pour ce travail important; la vérité nous rendra libre. Je vais commander mon exemplaire de ton ouvrage sur amazon.com à l' instant même.

D N
I cannot wait to get my own copy. We need more people like you to come out and speak and definitely create an atmosphere of debate and openness where, only the truth can come out.

L C
Mes Compliments avec bcp de piments.

F Y D
Hervé your Face à Face Interview on NBC6 is a positive attempt to expose the true facets of the Haitian history; a testament of your intellect and your passion to the cause.

E S V
I am proud to hear a brother standing so tall to say something about my roots with a clear explanation to show who we are. Hervé, we really need some more people like you to change our mentality. Thank you, I need a copy.

N R
I just spent a week in Oxford, England, steeped in English tradition. The British venerate their history, and so their culture is still thriving 500 years later. That experience reaffirms for me the importance of documenting one's culture and place in the world. Your book appears to be

adding to the scholarship of Haitian history; I will buy my copy, as soon as I get back to the states. Thanks Hervé for your work.

M Z
I feel so proud; thank you so very much. I cannot wait to get my copy!

C J
Awesome Hervé!!! You will need to teach me a thing or two about understanding Africa. Great Job!

B D
Congrats! Fantastic! NBC6, that's so great; another page in History for FACE à FACE!

J P
Herve, fabuleux ton livre !!!! Congratulations!!!!

S J
this is well done!!!!!!!!

A B
This is a great interview I am sure that I am going to buy this book or check it out at the library.

S V
Congrats Hervé! Knowing you, this is the beginning of how we need to perceive a new Haiti. From forgetting who we are to remembering who we are and teaching us who we were and who we are becoming as "Haitians." Best of luck to you! I am sure there's more to come!

M C
Thank you so much for spreading the words. People do not understand the Haitian culture. Not alone our identity.

M C
Congratulations! And keep it up.

C B
Face to face is a must read. Two thumbs up.

B D
Hervé, you did the "cross-over". I'm proud to be Haitian. We've been waiting for this, such a long time.

H F-L
I really appreciate your comments and thank you all for your support. I've always believed that most of my fellow Haitians are in need for information in regard to the History. Mistakes have been made; and today, I believe Haitian Historians will do their work to enlighten all of us with facts about our ancestors.

We should no longer accept versions of the "Establishment" that has and continued to control our education system. We should all stand and say NO more.

We should no longer accept an education based on a belief system but solely on facts of historical events.

Education is the basis of evolution. But being educated by and for others is simply regression for one's soul!

Again, thank you all

C J. B
Mr. Lemoine, you really make us proud to be Haitian. You stand up for all of us, and we must all congratulate you for a JOB WELL DONE!!! Education, Education, Education!

I will definitely buy this very important book of yours, and I will consider it as "MY PASSPORT." Once again, thank you!

M L
M. Fanini-Lemoine, as a Haitian I'm proud! Maintenant je dois aller me procurer un exemplaire.

FACE A FACE INTERVIEW ON NBC6

F C
Que cette Nature Humaine reconnaisse son origine
Divine, en elle, donc Créatrice et elle pourra refaire ce
Monde avec Amour.

Face à Face
Cela dépendra de la définition donnée au divin!

F C
En chacun de Nous et partout.

Face à Face
Excellent! Voici un extrait de FACE A FACE pouvant
corroborer votre expression:
Le message de Moïse semblait être la communion
entre l'être et son anima. La communication avec les
objets d'idolâtries, les sacrifices et les offrandes des
objets de rituels devaient être abolis. Car chaque individu
étant une entité singulière et irréductible doit pouvoir de
lui-même s'intérioriser en s'affirmant :
« Je suis – Eyeh ! », proclamait-il ! Car le
moment du présent est la seule vérité.

F C
Justement, c'est le défi à relever en ce début de nouvel
Ere: La communion totale. Et, je dirais Monothéisme.
Nous pouvons faire de cette planète une terre de
prédilection. Commençons par Notre chez Nous.

Face à Face
Ou du moins, Commençons par nous d'abord!

F C
LOL. Oui, le travail est immense et pourtant si simple
mais il faut mettre la main à la pâte et aider car il faudra
beaucoup d'Amour. Je suis certaine que nous gagnerons.

Face à Face

L'Haïtien, par manque de connaissance de son sol natal, se nage dans la résignation inculquée par nos croyances religieuses et superstitieuses. Notre système d'éducation, financé par l'establishment, à moins d'un éveil mental, perdura à jamais la mémoire ancestrale.

F C

La première Révolution à faire doit être Intellectuelle. Avoir laissé la majorité d'une Population dans l'ignorance si longtemps est un crime contre l'Humanité et certainement pour en arriver ou nous en sommes aujourd'hui. Les autres ont étudié notre histoire à travers les Frères de l'Instruction Chrétienne. Il nous faut écrire la notre.

Croyances religieuses? Il faut changer tout cela par la Formation. C'est ce que fait la Fondation Roussan Camille depuis déjà trois ans : Se connaitre, Connaitre sa Terre, son Environnement et son Univers. Il faut dépasser l'Education Classique pour ce combat que nous gagnerons.

Haïti est la Nouvelle Jérusalem dont parle la bible ou est écrite l'histoire de l'Humanité.

2000 ans de mensonge, c'est TERMINE ; décidé par le Plan Divin.

Il faut nous préparé Tous, pour ce nouveau jour pour Haïti, et cela va aller vite.

Les richesses du sol que l'on pense pouvoir tout prendre ne se fera pas ainsi ;

Il nous faut travailler aussi.

Pour le respect de nos Ancêtres, Toujours Formation car « Un Peuple sans passé est un Peuple sans Avenir. »

Mais, soyez-en certain que nous allons y arriver avec la FRATERNITE, et le Nettoyage se fera.

Heureuse de vous rencontrer. Les Enfants de la Lumière doivent Tous se retrouver. Haïti est le Diamant de la

Planète, le Vortex du Monde et où se trouve la Porte ! L'heure a déjà sonné, Ils sont arrivés trop tard. Mais nous devons en avoir conscience. Au travail chers Frères et Sœurs. Nous sommes en mission.

Face à Face
Finalement, les enfants d'Aïa semblent vouloir s'extérioriser ! Un plaisir immense de vous avoir reconnue, Fay.

F C
Merci. Nous le devons bien à Gaïa...

Face à Face
Bien sure !

CONCLUSION

By way of conclusion of this first encounter with my Facebook Dialogues & Conversations, I will leave you with the following reflections that I got from my email. I did not verify any of the content for accuracy, but I did read some of those accomplishments. I hope you've enjoyed the read and hope you'll support the next publication of my Facebook Dialogues & Conversations by either purchasing a book or simply by responding to my postings on Facebook.

http://www.facebook.com/rvfanini

Life without Black People

A very humorous and revealing story is told about a group of white people who were fed up with African Americans, so they joined together and wished themselves away. They passed through a deep dark tunnel and emerged in sort of a twilight zone where there is a country called America without Blacks.

At first these white people breathed a sigh of relief. 'At last', they said, 'no more crime, drugs, violence and welfare.'

All of the blacks have gone! Then suddenly, reality set in. The 'NEW AMERICA' is not America at all - only a barren land.

1. There are very few crops that have flourished because the nation was built on a slave-supported system.

2. There are no cities with tall skyscrapers because Alexander Mils, a black man, invented the elevator, and without it, one finds great difficulty reaching higher floors.

3. There are few if any cars because Richard Spikes, a black man, invented the automatic gearshift, Joseph Gambol, also black, invented the Super Charge System for Internal Combustion Engines, and Garrett A. Morgan, a black man, invented the traffic signals.

4. Furthermore, one could not use the rapid transit system because its procurer was the electric trolley, which was invented by another black man, Albert R. Robinson.

5. Even if there were streets on which cars and a rapid transit system could operate, they were cluttered with paper because an African American, Charles Brooks, invented the street sweeper..

6. There were few if any newspapers, magazines and books because John Love invented the pencil sharpener, William Purveys invented the fountain pen, and Lee Barrage invented the Type Writing Machine and W. A. Love invented the Advanced Printing Press. They were all, you guessed it, Black.

7. Even if Americans could write their letters, articles and books, they would not have been transported by mail because William Barry invented the Postmarking and Canceling Machine, William Purveys invented the Hand Stamp and Philip Downing invented the Letter Drop.

8. The lawns were brown and wilted because Joseph Smith invented the Lawn Sprinkler and John Burr the Lawn Mower.

9. When they entered their homes, they found them to be poorly ventilated and poorly heated. You see, Frederick Jones invented the Air Conditioner and Alice Parker the Heating Furnace. Their homes were also dim. But of course, Lewis Lattimer later invented the Electric Lamp, Michael Harvey invented the lantern, and Granville T. Woods invented the Automatic Cut off Switch. Their homes were also filthy because Thomas W. Steward invented the Mop and Lloyd P. Ray the Dust Pan.

10. Their children met them at the door - barefooted, shabby, motley and unkempt. But what could one expect? Jan E. Matzelinger invented the Shoe Lasting Machine, Walter Sammons invented the Comb, Sarah Boone invented the Ironing Board, and George T. Samon invented the Clothes Dryer.

11. Finally, they were resigned to at least have dinner amidst all of this turmoil. But here again, the food had spoiled because another Black Man, John Standard invented the refrigerator.

Now, isn't that something? What would this country be like without the contributions of Blacks, as African-Americans?

Martin Luther King, Jr. said, 'by the time we leave for work, millions of Americans have depended on the inventions from the minds of Blacks.'

Black history includes more than just slavery; it historical figures: Frederick Douglass, Martin Luther King, Jr., Malcolm X, and Marcus Garvey & W.E.B. Du Bois are among those we know in the United States of America.

Unknown Author

CONCLUSION

ISBN-1453862838
EAN-139781453862834
FaceBook Dialogues & Conversations (I)
2010 Copyright 1-503645141
Registre de Propriétés Intellectuelles, Copyright Office, District
de Washington, Etats-Unis d'Amérique
Hervé Fanini-Lemoine

THANKS

THANKS / REMERCIEMENTS

Special thanks to all my Facebook friends who have contributed to the making of "Facebook Dialogues & Conversations (I)", experimenting with Social Network!

Guy-Evens Ford, Guy Cayemite
Marie Chantal Pierre-Louis, O Ludmilla Joseph
Maryse Wuillot, Guy S. Antoine
Alix Saintil, Monique Dodard
Geneviève A. Douyon Flambert
Fay Camille, Sorana Molnar
Lakay Bay, Edgard Bernardin
Tarem Pierre Seroj, Edwige Archer-Wuillot
Alphose Piard Jr., Gloria Excelsis Deo
Chief Peter Guanikeyu Torres
Eddy Garnier, Marie-Josee Durand Christian
Franck Seguy, Fanfan Negokap
Reflet S Magazine, Gregoire Dardompre
Philippe Carré, Jean Michel Daudier
Pr Gérard Bissainthe, Cynthia Blanc
Pr Frantz-Antoine Leconte, Navia Magloire
Wilgëens Rosenberg, Farah Yves Daguindeau
Raymonde Jean-Baptiste, Yanick Casimir
Howard Zinn, Guy J Elie, Eric Wuillot
Marie Alice Theard, Yanick Francois
Nadine Dominique, Caroline Mercier
Nancy Turnier Férère, Mario Morose
Roland Bastien, Paulette Celestin Guillaume
Nad Sivaramen, Carole Demesmin Maroulé
Alain Rey (Le Petit Robert), Charles E Derose
Martine de Montmollin, Leonard Jolibois
Cosy Joseph, Lu Pierre-Toussaint
Marie Carmelle Jasram, Projetto Recherche Création
Hans Peters, Carline Nolte Mourra
Pascale Pavy, Michele Jessica Fievre
Magguie Villard, Carline Phanor
Taino L Haiti, Monique Moore-Racine

Un remerciement special à Paul Jeremie, l'Amicale des Disciples, Yanick François et à Guylaine Danache pour leurs supports.

Jessy Trouillot, Djanan Nemours,
Monique Plaisimond, Brigitte Desroches
Céline Beaudoin, Kenya Lemoine
Ramouze Scarlette Francois Guerrier
Eric Wuillot, Gina Hortance, Erroll Z Viel
Kerline Et Joshua, Margaret Papillon
Henry G DeGraff, Randy Mont-Reynaud
Jude Limage Sr., Eveline Simplice Victorin
Florence Thony, Claude Marcelin
Francette Agnant, Kristo Art
Claudie Patrice Marc-Charles
Joseph Bernadotte, Yvrose Gilles
Obed Rémy, Haiti Bluez
Charles E Derose, Ezili Dantò, Paul Sanchez
Evelyne Ramasami, Yveline Alexandre
Elda Outten R. Carre, Jonas Jolivert
Marlene Leconte, Marie Janvier
Danielle Fignole, Rony Guiteau
Mecthylde Jeannot, Jean Robert Ambroise
Jean Maxime Ady, Claudine Sada
Marie Edwige Fouche- Baksin
Daniel B. Calixte, Yanick Francois
Elizabeth Scott Blanchard, Nicolas Simeon
Maryse Cayemitte-Elysée, Labelle Seduisante
Jacqueline Mehu Montfleury, Mimi Desir
Jean Garry Chery, Carl Gilbert
Maryel Vieux-roy, Bijoux Louise Carmel
Florence Bouchereau Arbouet
Carole Mercedes Pierre-Louis

...And to all other participants whose names are not mentioned either for privacy or other reasons.

I thank you all for having expressed and shared your thoughts and opinions with the rest of us, all for a better Haiti; Merci à tous !

FACEBOOK *Dialogues & Conversations(I)*
Hervé Fanini-Lemoine

kiskeyapublishingco@gmail.com

www.ingramcontent.com/pod-product-compliance
Lightning Source LLC
Chambersburg PA
CBHW071544080326
40689CB00061B/1808